-Scene-

Klaus Dewes

Punk

Was uns kaputtmacht, was uns anmacht

Originalausgabe

Wilhelm Heyne Verlag
München

HEYNE SCENE
18/46

Printed in Germany 1986
Fotos: Siegfried ›Siggi‹ Reuter, Köln
Umschlaggestaltung: Atelier Ingrid Schütz, München
Layout: Helmut Burgstaller
Satz: VerlagsSatz Kort GmbH, München
Gesamtherstellung: RMO, München

ISBN 3-453-35074-X

Es ist ein leichtes,
auf jemanden hinunterzuschauen.
Wie schwer aber fällt der Blick nach oben –
wenn jemand seinen Schuh auf
dein Gesicht drückt.

Urs von Wiese

Siggi

Punky-
Horror-
Show-Programm:

Punky-
Horror-
Show-Programm:
Fortsetzung

SCHLAG-LICHTER – SCHLAG-SCHATTEN

Punks sind so sprachfaul oder erzählbegabt wie jeder andere Mensch. Den einen habe ich also ausquetschen müssen wie eine Zitrone, entsprechend sauer hat er reagiert. Der andere sprudelte sich sein Leben und seine Gedanken aus dem Leib, daß ich nur nicken und das Mikrophon halten brauchte.
Manches von dem Gesagten habe ich nachprüfen, manches nacherleben können, anderes steht ungeschützt als Punk-Aussage da. So kann sich jeder das vom Erzählkuchen herausschneiden, was ihm paßt, zu Stimmungswechselbädern reicht es allemal.
Da ohnehin kein repräsentatives Ergebnis erzielt werden sollte, sind die Zufälligkeiten von Personen und Daten nichts weiter als ›Schlag-Lichter‹, ein Wort, das die Punks für sich und ihre Geschichten besonders mögen. Es ist ihren Erinnerungen mit wenig Licht und vielen Schlägen nah und geläufig und daher sympathischer als der erzieherische ›Schlag-Schatten‹ manch vergangener Tage.
Interview oder Erzählform – auch die Form läßt Rückschlüsse auf die zugehörige Person zu. Ob mundfaul, mundtot, mundtot gemacht, angestochene Redequelle oder Erzähltalent, das läßt sich nach wenigen Malen Gebrauch nicht endgültig benennen. Auch hier ist der Leser alleingelassen.
Das allerdings mit geradezu Schadenfreude. Denn wer Details wissen will, muß sich notgedrungen annähern und sie selbst zu erfahren suchen.
Und nichts anderes als Verkürzung der Distanz, vielleicht sogar Annäherung ist das schlichte Anliegen dieser *Scene* an *Punks*

Februar 1986

Tagebuchnotiz – 12. 10. 1983

Einkaufbummel. Sehe Touristen, die Punks auf der Hohe Straße fotografieren wollen. Drohgebärden seitens der Punks. Ohne zwei, drei müde Märker sei nichts.
Ich weiß, daß man z.B. in Zoos eine Fotografiererlaubnis braucht. Punks fotografiert man ungefragt und öffentlich.
Fotomodelle kassieren Tausende, die meisten Fotowilligen zahlen. Jeder hat und kommt auf seine Kosten. Nach der ›Fotosafari‹ in die nächste Stadt wird so mancher Punk mit ›Jägerstolz‹ an die Wand geworfen. »Ein gelungener Schuß« werden die Bewunderer sagen, »für wenig Geld« wird die Antwort lauten dürfen. –
Ich erlebe am Nachmittag, fast an gleicher Stelle, daß ein Punk einem Mann den Fotoapparat ins Gesicht schlägt. Der Apparat zerspringt, der Mann blutet und schreit. Ich habe erlebt, daß der Punk viermal warnte, zu fotografieren, er sei kein Freiwild und Lustobjekt für die Spießerleinwand.
Recht… Unrecht…
Ich sehe, daß ein Mann auffällig und mit Aufwand Punks fotografiert. Bei ihm zucken sie nicht, im Gegenteil. Ihnen scheint die auffällige Ablichtomanie des Mannes sogar Spaß zu machen.
Warum?

HIGH TIMES
Fly to the Sky!
NEUN IM KINO
ANARCHOS AUS DEM WELTALL

HANS

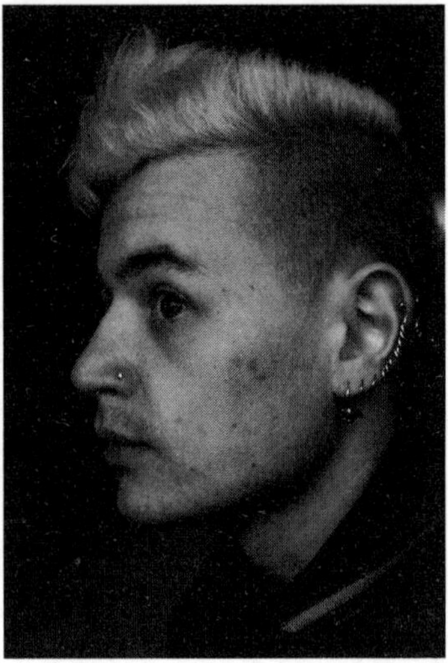

Ich bin der Hans, bin 24 Jahre alt und komme aus Bonn.

Dein wichtigstes Ereignis in der Vergangenheit?
Der Tod meines Vaters. Es ist aber schon sehr lange her. Da war ich vierzehn.

Was hat dieser Tod für dich bedeutet?
Wahrscheinlich hat sich daraus entwickelt, das was ich jetzt mache, was ich bin und so. Wenn mir das damals nicht passiert wäre, und wenn er noch leben würde, dann wäre das alles nicht so gelaufen.

Was wäre deiner Meinung nach anders gelaufen? Was wünschtest du dir, was anders gelaufen wäre?
Anders gelaufen wäre die Entwicklung, die ich mittlerweile mitgemacht habe. Und ich wünsche mir, daß sie so gelaufen wäre, wie sie gelaufen ist, wenn mein Vater noch gelebt hätte.

Gehen wir mal diese Entwicklung zurück. Bis zur Schulzeit.
Da habe ich eigentlich überhaupt keine Erinnerung mehr dran. D.h., ich will mich daran nicht mehr erinnern, weil es für mich völlig belanglos ist, was ich damals gemacht habe.

Wie bist du mit Lehrern zurechtgekommen?
Ich bin mit 15 aufs Gymnasium gegangen, dann bin ich nach zwei Jahren runtergeflogen, weil ich zuviel Randale gemacht habe.

Was war der Grund für die Randale?
Weiß ich nicht. Ich war zu aufsässig oder so. Ich hätte es geschafft. Ich hätte auch noch weitermachen können. Haben sie mir auch gesagt. Ich wollte aber nicht. Ich hatte einfach keine Lust, was zu machen, was die wollten. Ich wollte machen, was ich will. Und da fing es an.

Du bist rausgeflogen. Wie ging es weiter?
Vom Gymnasium bin ich geflogen. Dann bin ich auf die Hauptschule gekommen, da habe ich weiter die Sau gemacht. Dann habe ich den Hauptschulabschluß gemacht. Habe eine Lehrstelle angefangen.

Als was?
Als Verkäufer. Das habe ich zwei Jahre lang gemacht. Bin auch zwei Jahre danach noch in der Firma geblieben, wo ich gelernt habe.

Du hast also ausgelernt?
Ja, klar.

Du hast zwei Jahre gearbeitet. Und dann?
Da hatte ich keine Lust mehr.

Woran lag das?
Weiß ich nicht. Irgendwie hatte ich keine Lust mehr, den Job zu machen. Und dann habe ich damit aufgehört. Ich habe zu den Leuten gesagt, o.k., ich hab kein Bock mehr, ich verdiene nicht genug Geld, und dann habe ich aufgehört. Dann kam das erste Mal, daß ich nach Hamburg gegangen bin.

Du hattest also keine Lust mehr, Tabakwaren zu verkaufen.
Ich hatte keine Lust mehr, irgendwas zu verkaufen. Also habe ich aufgehört damit, überhaupt mit dem Job. Dann war ich in Hamburg. Da habe ich die Punks kennengelernt. Dann bin ich selber auch Punk geworden.

Was war denn daran so faszinierend?
Daran war überhaupt nichts faszinierend, so, wie ich die Leute damals kennengelernt hab.

Wann war das?

1977 – 1978. Das war einfach gut, das war etwas Neues. Ich hab das damals halt als die Erfüllung angesehen. Die Leute haben das gemacht, wozu sie gerade Lust hatten, und das wollte ich auch machen. Also habe ich das auch gemacht. Damit fing's halt an, und das habe ich bis jetzt durchgezogen.

Du lebst wovon?

Momentan lebe ich von Arbeitslosenhilfe und demnächst von Sozialhilfe.

Du hast 1977 schon aufgehört. Lebt man von da an bis heute von Arbeitslosenhilfe?

Nee. 1977 habe ich aufgehört zu arbeiten. Ich habe dann 1980 wieder angefangen zu arbeiten. Habe drei Jahre gearbeitet, wieder als Verkäufer.

Bin in der Zwischenzeit wieder zurückgekommen nach Bonn bzw. Sankt Augustin. Da habe ich drei Jahre gearbeitet, weil ich dachte, ich komme von dem ganzen Scheiß irgendwie mal weg, weil mir das nicht mehr gefallen hat zwischenzeitlich. 1983 bin ich dann wieder ausgerastet und habe wieder mit dem Punkscheiß angefangen. Das hat mir dann auch nicht mehr gefallen, weil das nicht mehr der Punk war, den ich 1977 kennengelernt hatte.

Erklär mal die Unterschiede?

Nee, erklär ich nicht.

Doch, erklär mal die Unterschiede.

Nee. Das finden eine Menge Leute bestimmt gar nicht so gut.

Sag mal, wie das damals war, und wie es heute ist. Ich finde das schon sehr wichtig.

Ja, ich finde das auch sehr wichtig. Bloß, die mit hier herumstehen verstehen das nicht, wenn ich das so erzähle. Ich finde das nicht gut. Deshalb laß ich das lieber.

Ich kann ja mit dir um die Ecke gehen, aber das finde ich auch nicht gut. Du bist doch für gerade heraus.

Was die Leute 1983 gemacht haben, war nicht mehr das, was die Leute 1977 gemacht haben. Das war einfach ganz anders.

Was habt ihr 1977 gemacht?
Das war irgendwie ein ganz anderes Gefühl. Ich kann das nicht mehr so sagen.

Es kam von innen heraus?
Ja. Wahrscheinlich war das damals ehrlicher. Das war ehrlicher und von innen heraus. Was die Leute damals empfunden haben, ich weiß nicht, war besser. Glaube ich jedenfalls. Ich weiß es nicht.

Ich versuche mich mal ranzutasten und frag einfach mal so. Waren das früher eher Aussteiger, die das aus Begeisterung gemacht haben, im Gegensatz zu Abbrechern?
Nein, das sind jetzt immer noch Aussteiger. Abbrecher, ich weiß nicht, was du damit meinst.

Daß man was abbricht, weil man selbst und mit sich nicht weiterkommt.
Die Leute, die das damals gemacht haben, die sind nicht weitergekommen, weil sie nicht weiterkommen **wollten**.

Also Aussteiger.
Und die Leute, die das heute machen, die sind nicht weitergekommen, weil sie nicht **können**.

Also Abbrecher.
Da sehe ich keinen Unterschied. Dennoch glaube ich, es war damals irgendwie besser. Deswegen bin ich jetzt ja auch kein Punk mehr. Jetzt kommt's nämlich. Haha. Ich bin nämlich gar kein Punk.

Was war damals schlechter, was ist heute schlechter?
Ich weiß es nicht. Ich habe eben nur keine Lust mehr, ein Punk zu sein. Obwohl ich innerlich genauso ein Punk bin wie die Punks. Ich habe bloß eine andere Frisur als die und laufe mit anderen Klamotten rum. Im Prinzip bin ich genau dasselbe. Deswegen renne ich ja auch mit den Punks rum.

Ich finde, daß wir damit auf den Punkt kommen. Es geht also nicht um die Klamotten, daß man Punk ist. Punk ist man im Kopf.
Genau! Trotzdem hat es auch eine Menge mit Klamotten zu tun. Doch, hat's. Zumindest glauben es viele Leute. Das glauben die Punks

an sich auch selber. Wie soll man denn sonst einen Punk oder irgend jemanden aus der Subkultur erkennen, wenn er sich nicht mehr oder weniger uniformgemäß kleidet? Klar! Das ist eine Uniform und nichts anderes. Ob du nun Punk bist oder Skin bist oder Psycho oder Mod oder Ted oder irgendwas. Im Prinzip wollen die Leute und denken die Leute alle gleich.

Ist es denn wichtig, daß man nicht nur für sich selbst Punk ist oder was anderes und deswegen so aussieht, sondern daß man es auch für andere ist?
Dieser große Götze Punk, der steht über allem. Alles wird an Punk gemessen. Das finde ich so ätzend. Die Leute sind irgendwo alle Punks. Ob sie nun Skins oder Punks oder Psychos oder irgendwas sind. Irgendwo ist das alles dasselbe. Bloß gibt es eben die gewissen Unterschiede, die das ausmachen. Das sind eben Klamottenunterschiede, Frisurenunterschiede, erst am Schluß Gesinnungsunterschiede. Gerade bei Skins.

Meinst du auch Gesinnungsunterschiede zu denen, die hier ganz normal über den Platz laufen? Ist es deswegen wichtig, daß man denen auch äußerlich zeigt, daß man anders ist?
Das ist überhaupt nicht wichtig. Das einzige, was wichtig ist: Daß du irgendwo für dich selber denkst und das Richtige machst.

Das ist die eine Seite.
Die Leute, die hier um mich rumstehen, die sind zu 98% Punks. O.K. Ich sage, irgendwo bin ich es auch. Das ist auch o.k. Ich sage aber von mir, ich bin ein Psycho. Das ist aber nichts anderes als Punk. Ich habe bloß eine andere Frisur und habe eine Collegejacke an. Die haben alle Lederjacken an und stehen nicht auf meiner Musik. Das ist der einzige Unterschied. Im Prinzip sind das alles dieselben Leute.

Ich meinte nicht den Unterschied zwischen dir und den anderen, sondern ich meinte, ob es wichtig ist, daß du dem Normalbürger zeigst, daß du anders bist.
Ja, natürlich ist es wichtig. Ja, klar. Das ist das wichtigste überhaupt!
Erklär mir das näher.
Diese ganzen sogenannten Subkulturgruppen, die sind an sich, wenn du sie als eigene Gesellschaft ansiehst, als eigene Gruppierung, die

Zimmer in der Lessingstraße

Auf der Domplatte

sind genauso eine Spießergesellschaft wie die Spießergesellschaft draußen. Es ist nur eine kleinere Gruppierung. Es sind 60 Mio. Spießer, und es sind eine Mio. Subkultur. Diese eine Million hat aber unter sich und in sich dieselbe Gruppierung wie draußen die Spießergesellschaft. Es gibt in dieser Subkultur genauso die ganz unten, die ein bißchen oben und die ganz oben. Die ganz oben, das sind die New Waves. Die ein bißchen oben, das sind die Shiky-Punks. Die ein bißchen weiter runter, das sind die Hardpunks. Noch weiter unten, das sind die Schimmelpunks, und ganz ganz unten, das sind die Pennerpunks. Bei Psychos ist das genau dasselbe und bei den Mods und bei den Teds und bei den Skins und was weiß ich alles auch. Es gibt die ganze Gesellschaftsstruktur von der normalen Gesellschaft, die gibt's auch bei der Subkultur. Genau dieselbe Spießigkeit, bloß eben in einem kleineren Ausmaß.

Der Pelzmantel in der einen Kultur, das sind in der anderen Kultur die Springerstiefel und der Ledermantel oder das, was du anhast?
Ja, klar.

Und deswegen ist das wichtig?
Nein, es ist nicht wichtig. Innerhalb der Subkultur ist es nicht wichtig. Wenn du aber den Vergleich ziehst zwischen Subkultur und normaler Gesellschaft, dann ist es wichtig.

Und für dich ist es wichtig, in der Subkultur zu leben?
Es ist besser, weil du viel mehr Freiheiten hast.

Was sind das für Freiheiten? Welche?
Jetzt kommt's. Also: Du kannst dir Buttons an die Jacke machen, du kannst dir die Haare färben, du kannst dir die Ohren durchstechen, du kannst sonst was machen.

Bis jetzt sind das erst mal Äußerlichkeiten.
Es geht doch nur um Äußerlichkeiten heutzutage.

Du hast eben doch gesagt, auch im Kopf ist was anders.
Wen interessiert das denn von der Normalgesellschaft, was wir im Kopf haben.

Mich. Ich frage dich ja danach.
Vielleicht ist das nur Neugierde.

Ist doch immerhin schon etwas. Also. Du hast dem Sinn nach gesagt: Man muß weniger für andere, man muß für sich selbst anders sein.
Natürlich muß man das alles für sich tun. Natürlich kann jeder für sich machen, was er will. Er kann anziehen, was er will, er kann die Haare machen, wie er will. Er kann sonst was machen, was er will. Es geht hauptsächlich nur um Äußerlichkeiten, daß man den Leuten da draußen zeigt, daß man halt eben anders ist. Wie man anders ist, das ist denen doch sowieso egal. Das ist uns auch egal. Hauptsache, man zeigt denen, daß man anders ist.

Du versteckst dich immer hinter dem Wort ›man‹ und hinter dem Wort ›uns‹. Jetzt mal für dich. Was ist für dich wichtig? Für dich und dein Leben, wie du es jetzt führst?
Daß ich meine Miete bezahlen kann, daß ich Marga auch weiterhin liebe, und daß ich so drauf bleibe, wie ich bin.

Das war schon ein halber Blick nach vorn. Gibt's also wieder mal irgendwann einen beruflichen Wechsel? Also wieder mal, daß du in irgendwas Normales einsteigst, um das zu sichern, was du hast?
Kann sein, weiß ich nicht. Ich war bisher Punk, Mod, ich war Popper, New Wave, und jetzt bin ich halt Psycho. Das gefällt mir auch gut. Was ich demnächst mache, weiß ich nicht. Ich fühle mich wohl.

Normale, die andere Klasse, von der wir eben gesprochen haben, denken, wenn man schon mal verheiratet ist, an Kinder. Du und Marga, ihr seid auch verheiratet. Wir haben gestern von der Figen (siehe Seite 124) das Kind gesehen. Und sie findet es ganz normal und gut und will's auch auf die Platte hier mitbringen.
War halt Zufall bei der Figen.

Ja, gut. Denkst du auch an solche Zufälle?
Ein Kind ist für mich kein Zufall. Marga und ich haben geplant, daß wir in 10 Jahren auch ein Kind haben. Und in 11 Jahren haben wir zwei Kinder. Wir wollen nämlich die Kinder nicht in allzu großem Abstand zueinander haben.

Klingt stinknormal.
Und unseren Kindern wollen wir auch eine halbwegs gute Zukunft bieten. Denn das erste Kind, wenn das ein Mädchen ist, dann wird das ein Punk, und wenn das ein Junge wird, wird das ein Psycho.

Wird es Unterschiede geben im Verhältnis zwischen deinen Kindern und dir als Elternteil und dem Verhältnis, das du zu deinen Eltern hattest?
Mein Vater ist gestorben, als ich 14 war, und zu dem habe ich ein sehr gutes Verhältnis gehabt wie überhaupt zu meinen Eltern. Meine Mutter ist vor vier Monaten gestorben. Wenn die fünf Mark übrig hatte, hat sie sie mir gegeben.

Hattet ihr ein persönliches Verhältnis?
Ja, natürlich. Wer hat denn zu seiner Mutter kein persönliches Verhältnis?

Viele hier von den anderen, die hatten keines.
Ich habe ein sehr persönliches Verhältnis zu meiner Mutter gehabt.

Dann finde ich wichtig, daß wir darüber gesprochen haben.
Ich finde das auch sehr wichtig. Vor allem finde ich das gut. Sie hat nämlich selber oft genug nichts zu fressen gehabt und hat mir trotzdem ihre letzte Kohle gegeben, damit ich was zu fressen hatte.

Siehst du darin ein Vorbild für dich, daß du mit deinen Kindern in zehn oder zwanzig Jahren mal ähnlich umgehst?
Ja, natürlich, auf jeden Fall.

Tagebuchnotiz – 19. 10. 1983

Diesmal beruflich in Köln. Erkenne den Fotografen, der die Punks aufnahm, wie er aus einem Fotoladen kommt und Vergrößerungen im Schlendern beguckt.
Ich spreche ihn an, frage, ob er professionell… und schiele auf die Bilder in seiner Hand. Punks!
Wir reden, gehen einen Kaffee trinken, reden. Über was schon.
Er macht beruflich was gänzlich anderes, Hobby Fotografie. Auch Punks. Er schenkt ihnen oft Fotos, daher darf er umsonst. Er kennt ihre Namen und Gewohnheiten.
Er erzählt von ihnen, macht neugierig.
Ob man Angst haben muß, wenn man ihnen mal zuhören, wenn man mal dabeisein will?
Ich verabrede mich mit Siggi, so heißt er, für den 22. 10.

Guck nich so blöde ey!!
Live in der
32A
GBH
und
5.6.84
20⁰⁰
©by M. Beusing 85

MARGA

Ich bin die Marga. Ich bin jetzt im Januar 18 geworden. Eigentlich komme ich aus Bonn. Bin jetzt mit ihm da unten verheiratet.
Wir leben zusammen. Sind richtig verheiratet. Mit allem. Standesamt und so. Nur die Kirche ist zu teuer. Wir leben zusammen und versuchen recht und schlecht, uns über Wasser zu halten. Mit ein paar Nebenjobs, mit Sozikohle und Arbeitslosengeld, was er bekommt.Es wird meistens verdammt knapp, aber irgendwie haben wir es bis jetzt immer gut geschafft.
Ich komme aus Spanien, bin zwar hier geboren, aber gleich nach meiner Geburt kam ich für ein paar Jahre zur Oma nach Spanien. Ich kam knapp im Vorschulalter wieder nach Deutschland. Habe hier die Schule gemacht, mache immer noch die Schule, bin in der 12. Ich hoffe, daß ich nächstes Jahr fertig bin. Was ich dann mache, weiß ich noch nicht.

Ich warte erst mal ab, wie die Lage ist. Studieren werde ich mir wahrscheinlich nicht leisten können. Falls ich Unterstützung kriege, ja. Ich glaube aber nicht, daß ich irgendwo eine Arbeitsstelle oder so kriege.
Ich lebe jetzt in Bonn mit den Leuten in der Altstadt. Ich habe im Altbau ein Zimmer. Darin leben wir beide zusammen. Mit 'ner Kochnische, Toilette ist im Gang. Dusche unten im Keller. Geht sowieso nie, oder meistens mit kaltem Wasser, wobei ich dann lieber halt im Schwimmbad duschen gehe, wo wenigstens warmes Wasser ist.
Ich bin eigentlich jetzt schon länger mit den Leuten zusammen. Es ist, ich weiß nicht, eine komische Solidarität zwischen uns allen. Z.B., wenn mich jetzt der Manni anguckt und anfängt zu lachen, ich weiß nicht, ich kann mir eigentlich kein anderes Dasein vorstellen. Ich bin nun mal bei den Leuten und will auch mit denen zusammenbleiben.
Ich mache mir manchmal Gedanken darüber, wie das später sein wird, ob die meisten noch dabeisein werden, und wie sie dann dabei sein werden. Aber ich schätze doch, daß wir auch noch in ein paar Jahren miteinander Kontakt haben werden. Ich hoffe das.

Ich bin an dieses Leben gewöhnt, und für mich ist das ein Leben wie jedes andere auch. Ich schätze daran, daß jeder tut, was er will, oder was er denkt. Nur halt manche trauen sich weniger, und wir trauen uns ein bißchen mehr. Aber das ist das, was andere Leute verurteilen. Weil wir, nenne man es von mir aus eben Courage oder egal was, weil wir unseren Gefühlen freien Lauf lassen.
Daß wir bewußt leben. Einfach alles auf uns zukommen lassen. Und alles, was auf uns zukommt, bewußt ausleben.
Ich habe ziemlich Glück mit meiner Schule. Ich bin da die einzige sozusagen zwischen den ganzen Leuten. Mit den Lehrern habe ich eigentlich bis jetzt noch keinen Ärger gehabt. Verständnis hatten die

eigentlich immer. Ich hatte mich eine Zeitlang ziemlich daneben benommen, d.h., ich hatte mich mit keinem eingelassen. Ich habe ziemlich oft gefehlt. Ich hätte eigentlich schon längst fliegen müssen. Aber die haben mir eine Chance gegeben. Ich glaube schon, daß ich das packe.

Und dann das Verheiratet-Sein, so richtig schön mit Standesamt. Dabei geht es darum, daß man sozial bessere Chancen hat. Wohnungsgeld, Sozialhilfe, er kommt in eine bessere Steuerklasse. Ich bin jetzt bei ihm mitversichert. Das sind alles Vorteile.

Wenn man durch die Stadt geht, bekommt man alle möglichen Blicke ab: richtig bösartige, entsetzte, belustigte. Es gibt auch solche, die dich einfach anschauen und sich totlachen. Ich meine, es gibt einen Unterschied, ob sie wirklich belustigt lachen, dagegen habe ich nichts. Da lache ich sie ebenfalls an oder amüsiere mich über ihre Reaktion.

Dann gibt es solche, die hämisch lachen, richtig fies, wie der da grade, so richtig gemein. Das trifft mich nicht so, daß ich darüber bestürzt bin, es ärgert mich einfach nur. Ich muß mich beherrschen, diese Leute dann nicht übel anzumachen. Ich denke mir einfach, daß gerade die Leute mit dem übelsten Gesicht sich nach meiner Meinung nicht erlauben dürften, irgendwelche Sachen zu sagen. Und wenn es dann irgendwo Ärger gibt, sind wir dann wieder schuld; haben wir dann wieder angefangen, haben wir wieder den Ärger gemacht, und nach denen fragt keiner.

Letztens hatten wir wieder unheimlichen Ärger. 'ne Schlägerei mit einem widerlichen Kerl. Es gab einige, die auf unserer Seite standen und von der Polizei verlangten, daß beide Beteiligten gefragt würden, nicht nur er. Es gab schon einige Leute, die sich für uns eingesetzt haben. Aber der größte Teil um uns herum stand da und glotzte, schimpfte, und dann fiel das Wort DDR und KZ und alles mögliche.

Da wundern sich die Leute, daß wir immer in Gruppen auftreten, damit wir uns zur Not wehren können. So gehen wir z.B. zu 10 Mann in die Bahn. Nach fünf Minuten haben wir das ganze Abteil für uns allein. Die Leute gehen einfach, ich weiß nicht, aus Angst oder egal wie. Auf jeden Fall, wir hatten in fünf Minuten das Abteil für uns allein. Alle waren weg.

Wir haben nichts getan und nichts gesagt. Wir haben uns hingesetzt, wir haben unser Bier getrunken, und plötzlich sehe ich mich um und

das ganze Abteil ist leer. Es war keiner mehr da.
So sind die Leute eben. Man kann niemanden verändern. Außerdem ist das ja intolerant. Von mir aus kann jeder die Meinung haben, die er will, solange er mich in Ruhe läßt. Was soll man da groß dran verändern.
Mir was wünschen? Das mit dem Wünschen habe ich schon lange aufgegeben. Das ist nur, irgendwelchen Fantasien nachlaufen, die doch nie wahr werden. Die Polizei könnte sich ruhig ein bißchen unvoreingenommener uns gegenüber benehmen. Das wäre ein Wunsch. Kaum sehen die uns, und es ist irgendwo Ärger, werden sofort alle, aber auch alle, die irgendwie so ein bißchen nach Punk aussehen, sofort eingesackt. Egal, ob sie mit der Sache zu tun haben oder nicht.
Trotzdem bin und bleibe ich Punk. Auch wenn es immer wieder Schwierigkeiten gibt. Ich komme gerne mit diesen Leuten zusammen. Gerade, als ich mit allem möglichen unzufrieden war: mit mir selber, mit der Schule, mit der Familie, gerade da habe ich diese Leute kennengelernt. Sie gefielen mir, ihre Art, und es waren damals nicht viele. Wenn es hochkam, waren wir sechs, sieben oder zehn. Ich weiß nicht genau, wie viele es waren. Wir hatten da unseren Laden. Mittlerweile hat sich unheimlich viel verändert. Die Leute selber haben sich verändert. Ich hätte vielleicht auch woanders andere Leute kennenlernen können. Man kann es auch Zufall nennen. Aber so waren es die Punks, bei denen ich mich wohlfühlte, die mir halfen.
Es waren z.B. nicht meine Eltern. Obwohl, mit meiner Mutter verstehe ich mich ganz gut. Sie bringt uns immer noch Freßpakete vorbei, damit wir nicht gänzlich verhungern. Aber mit meinem Vater, naja. Es war halt so, als ich noch bei meinen Eltern lebte, daß die Nachbarn uns fertiggemacht haben.
Meine Mutter hat sich am Anfang nicht viel daraus gemacht, danach hat sie sich gewehrt. Ich wurde ein paarmal rausgeschmissen, dann wurde ich wieder aufgenommen. Auf einmal hatte ich die Schnauze voll und bin dann von selber gegangen. Ich habe es selber nicht mehr ausgehalten. Mein Vater ist ein ziemlich seltsamer Mensch. Wir verstehen uns überhaupt nicht. Am besten auf Distanz.
Mit meinen Geschwistern, ich habe noch vier, habe ich mich früher überhaupt nicht verstanden. Kein bißchen. Es gab dauernd ein wider-

liches Gepetze, sobald ich ein paar Stunden später nach Hause kam. Es war ein total mieses Verhältnis. Seit ich nicht mehr bei ihnen wohne, freuen sie sich, wenn sie mich sehen. Tun alles für mich, sie sind total lieb geworden. Ich freue mich jetzt auch, sie wiederzusehen. Es ist halt eine andere Sache, als wenn man sie jeden Tag sieht, wenn sie einen irgendwie ankotzen.
Ansonsten freue ich mich, wenn die Sonne scheint, weil ich immer so schnell friere. Aber frieren vor Angst ist schlimmer als vor Kälte.

Tagebuchnotiz – 22. 10. 1983

Siggi ist pünktlich, ich bin aufgeregt.
Ich überrede ihn zu einem Kaffee, sehe mir die Bilder an, die er in der letzten Zeit gemacht hat: Punks, einer bunter als der andere.
Er sieht immer wieder auf die Uhr, als wären wir verabredet. So Sachen mit Erwartungshaltung mag ich nicht. Zugegeben, ich bin unsicher.
Dann sage ich ab. Ich trau mich nicht, was ihn nichts angeht. Ich muß halt weg. Zu lange gedauert.
Aus der Entfernung Richtung Hauptbahnhof sehe ich ihn und die Punks. Zusammen etwa zwanzig. Viel für den Anfang. Ich denke, das war Intuition und richtig.

'n paar davon

BOMBER

Ich heiße Bomber, bin 1 Meter 86 groß und bestehe aus 101 Kilo Muskeln.

Mehr nicht? Das reicht an Beschreibung?
Da kannst du überall in Deutschland nach fragen. Die Angaben kennt jeder. Das reicht.

Und da bist du stolz drauf?
Dafür, daß du akzeptiert wirst, mußt du selbst was tun. Wenn dir das gelingt, warum soll man da nicht stolz drauf sein?

Kommt darauf an, wie freiwillig man dich akzeptiert bei soviel Muskeln. Oder zählst du den Kopf dazu?
Mensch, Manni, hast du das gehört?

Ist ja gut, ausprobieren wollte ich das nicht. Aber eine Antwort wär' nicht schlecht.
Wenn du hohl im Ei bist, nützen auch 100 Kilo Muskeln nichts. Dann legen sie dich eben anders aufs Kreuz. Du mußt es auch unter der Mütze bringen…

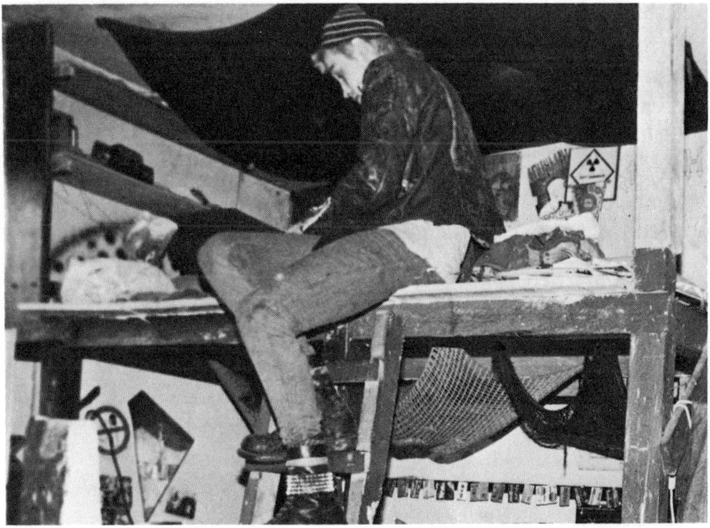

Manni beim Bettenbauen

... oder unter dem Iro.
Hab ich keinen mehr, weil keine Mütze drauf paßt. Aber ernst. Wenn du anders sein willst oder besser sein willst als die Spießer, dann mußt du auch was im Kopf haben. Wenn es auch nicht viel ist, was schon zum Bessersein reicht.

Einbildung ist auch 'ne Bildung, ein Spießerspruch. Paßt jetzt auch auf dich.
Kann ich nicht verhindern. Trotzdem hab ich recht. Sonst hätte ich nicht die bessere Seite dieses Lebens gewählt, und zwar, weil ich mir das gut überlegt hab.

Das erzähl doch mal. Wie war das mit der Entscheidung für das bessere Leben?
Es ist jetzt so zwanzig Jahre her, daß ich unter die Leute kam, und da hieß ich noch Dieter Georg. Hab viel Scheiß erlebt und selbst gemacht. Wurde schließlich Zeit, daß ich der Bomber wurde. Das war, als ich zu den Punks kam.

Wie kam das?
Hatte mal wieder 'ne Mücke gemacht, ja, und da waren die eben da, waren gut drauf und ich nicht, also bin ich erst mal geblieben. Dann immer öfter eigentlich und dann auch immer länger.
Zu Hause ging das sowieso den Bach runter, also wieder zu den Punks. Gute Feten, gute Musik, gute Typen. Ich war richtig frei. Also bin ich ganz in die Marienstraße gezogen. Von da ab war ich mit den ganzen Punks immer zusammen. Ich bin selber der härteste.

Was bedeutet das denn jetzt für dich? Ich meine, du könntest doch ganz normal aussehen und dann auch mit denen zusammen wohnen?
Ne, ging nicht. Die Klamotten, die Farben, das alles gehört dazu.

Erklär das genauer. Was bedeutet es für dich, deine Haare mit Strähnen zu tragen, deine Haare zu färben, dich anders zu kleiden, einfach anders zu sein?
Es macht mir Spaß, so rumzulaufen. Nicht so wie die Allgemeinheit. Halt auffallen.

Wie reagieren die Leute auf dich?
Die meisten haben schon irgendwie Angst, vor allem von meinem Aussehen her.

Ist die begründet?
Überhaupt nicht. Ne, nicht die Schote.

Wie reagierst du denn auf Leute, die mit Fingern auf dich zeigen?
Dann werde ich meistens sauer oder so. Aber es kommt darauf an, wer auf mich zeigt. Wenn es Spießer sind oder so, die kriegen die Reaktion zu sehen.

Wie sieht die aus?
Unterschiedlich. Es kommt darauf an, ob ich besoffen bin oder nüchtern, oder ob ich stonend bin oder so. Es hängt davon ab, wie ich gelaunt bin. Wenn ich morgens mit dem falschen Bein aufgestanden bin, dann geht es den ganzen Tag so. Wenn mich dann irgendwelche blöd anmachen oder so, dann werde ich aggressiv.

Und langst hin?
Wenn's sein muß. Wenn es einer direkt und lange genug darauf

anlegt. Von der Sorte gibt's reichlich. Und hinterher reißen sie die Äugelchen verwundert auf und können's nicht begreifen. Dabei würde nichts anderes passieren, wenn ich denen zuerst auf die Füße trete. Nur hätte ich dann das Veilchen und nicht die.

Will ich nicht ausprobieren. Frage dich lieber was.
Ich auch. Hast du mal 'ne Mark für mich?

Hinterher.
O.K. Also was ist?

Wovon lebst du?
Ich kriege 356 Mark Sozialgeld, immer zum 28. des Monats. Das Geld ist immer am 28. weg. Dann den Rest des Monats muß man sich durchschnorren oder so. Die Leute anschnorren, ob sie Kohle haben oder so. Oder Interviews geben.

Ist ja auch in Ordnung. Umsonst ist… Lassen wir das.
Einverstanden. Also weiter, damit endlich Kohle fließt.

Wenn du die Leute anschnorrst, was sagst du dann?
Ob sie mal ein paar Groschen für mich haben. Wir hätten Hunger und so. Die meisten geben dann auch was.

Was kommt dabei zusammen?
Es kommt darauf an, wie ich gelaunt bin.

Was kommt zusammen? Was geben die Leute?
Wenn ich so drei Stunden am Tag schnorre, kann es sein, daß ich 40 Mark habe. Manchmal kann es sein, daß ich nur 5 Mark habe. Dann wird es meistens sowieso alles zusammen ausgegeben. Ich schnorre meist nicht alleine, sondern immer mit einem zusammen. Dann tun wir das Geld zusammen und saufen dafür dann, holen uns was zu rauchen.

Was gefällt dir an deinem Leben so besonders?
Daß man frei ist. Daß man tun und lassen kann, was man will. Du brauchst auf deine Eltern nicht zu hören. Du kriegst nie Ärger mit den anderen Leuten im Haus. Man tut, was man will.

Du redest von heute, denkst du auch an morgen?
Nee.

Überhaupt nicht? Überhaupt keine Belastung?
Ja doch, Belastung schon. Daß ich eventuell morgen in den Knast gehen müßte. Aber ansonsten nichts.

Ist das für dich das Schlimmste, was passieren kann?
Das Schlimmste nicht gerade. Doch, z.Z. ist es das Schlimmste.

Steht was an?
Ja. Klar steht was an. Ich habe in Hannover, wo das letzte Punktreffen war, da habe ich eine Eisenstange so einem Skin in den Rücken geworfen, angeblich ins Gehirn. Dafür habe ich jetzt die Quittung gekriegt. Ich habe z.Z. Bewährung. Wenn mir die gekündigt wird, gehe ich ein halbes Jahr erst mal ab. Ja, so ist der Lauf des Lebens.

Wie ist das untereinander? Gibt's da Freunde, schließt man sich an? Wie läuft das?
Klar gibt es Freunde. So untereinander. Ein bißchen Zusammenhalt ist schon da. Ich wohne mit den beiden hier zusammen in einem Haus. Es ist ganz gut eigentlich. Ab und zu gibt's auch mal Fetzen. Es ist halt so. Wenn der eine, der macht halt zu laut Musik und so. Bei uns wohnt oben einer, der hat z.Z. ein Kind, dem seine Freundin, wenn dann die Musik zu laut ist, dann flippt der aus und so.

Verstehst du das?
Ja klar. Würde ich auch so reagieren.

Wenn du zurückschaust, was würdest du anders machen?
Vieles. Es kommt darauf an, wie weit ich zurückgucken soll.

Sagen wir mal bis ins letzte Jahr?
Ach nöö.

Bis vor zwei Jahren.
Auch noch nix.

Sag mal selbst.
Von da ab, wo ich ins Heim gekommen bin. Ab da müßte ich es normalerweise anders machen. Ab da hat es damals nicht geklappt.

Erzähl das mal.
Ja. Wenn ich damals gewußt hätte, daß ich von zu Hause raus müßte oder so, dann hätte ich wahrscheinlich die Lehre durchgezogen. Dann

Sabine und Pol

hätte ich jetzt eine Bude, einen guten Job und so. Ich hätte jetzt die Lehre zu Ende normalerweise, würde gut Geld verdienen. Als Zimmermann verdient man gut. Eine eigene Wohnung haben. Vielleicht nicht mehr arbeiten. Wenn ich die Lehre zu Ende hätte, würde ich erst mal eine Pause machen. Gucken, in andere Städte fahren und so. Wenn du Geld hast, dann bringst du es echt. Aber ohne Kohle rumhängen ist echt kack.

Du erzählst bedauernd davon, die Lehre nicht zu Ende gemacht zu haben, von zu Hause weg und so. Noch kannst du wieder anfangen. Wäre das nicht ein Fernziel, ein Wunschziel? Läßt sich so was überhaupt nachholen, oder ist das abgehakt?
Ich habe Bewährung, ich habe Bewährungsauflage, ich soll arbeiten gehen. Ich muß jetzt wahrscheinlich wieder zur Schule, ich mache das 10. Schuljahr nach. Ich bin damals mit dem 9. Schuljahr mit Hauptschulabschluß abgegangen. Dann habe ich Berufsfachschule gemacht, und die meinten, ich müßte irgendwie das 10. Schuljahr haben. Ich versuche jetzt, das 10. Schuljahr nachzumachen, und dann will ich mal gucken. Auf jeden Fall geht es mir jetzt erst mal um die Bewährung.

Das finde ich auch wichtig. – Aber nehmen wir mal an, du würdest ins 10. Schuljahr gehen. Würdest du dich dann äußerlich verändern?
Nee. Auf gar keinen Fall.

Wieso?
Ich laufe so rum, weil ich nur die Klamotten hab. Es macht mir auch Bock, so rumzulaufen.

Wie stellen sich denn überhaupt Behörden, Schulen, Gerichte und ähnliche Institutionen an, wenn sie dich so sehen? Ist das nicht gleich was, was negativ wirkt, was sie anmacht?
Da stehst du natürlich direkt negativ da. Es gibt sofort Ärger, aber das ist mir egal. Ich mache halt das, was mir gefällt. Das sage ich jetzt schon zum fünften Mal.

War vielleicht viermal nicht glaubhaft genug. Gut. Es stört dich also, daß man nicht druntergückt unter diese Art Klamotten, um nachzusehen, wie einer wirklich ist.

Du packst es. Ja. Nach mir fragt keine Sau. Aber die Klamotten, die Jacke, die Ohrringe, die Haare, da fahren sie ab. Wer lange Haare hat, ist Hippi, wer lange bunte Haare hat, bekloppt. Wer einen Iro hat

Colette Pocko

und 'nen bißchen Farbe, der ist ein Punkerarsch, und wer dazu noch 'nen bißchen voll ist, der gehört vergast. Aber was ich hinter mir habe – Heim, mehrerlei Eltern, schwule Schläger als Erzieher – danach fragt keiner. Mildernde Umstände, das kannste vergessen. Brauchst doch nur... Man wollte dir doch helfen... Aber und wenn. Wenn du in Scherben aufgewachsen bist, dann kannst du nicht mit Porzellan umgehen, wenn dir's keiner zeigt. Ich jedenfalls hab keinen erlebt, der's richtig versucht hat. Wenn, dann mit Knüppel und Ausgangssperre und kein Geld und so.

Das gab erneut Scherben?
Guck mich doch an!

Tagebuchnotiz – 4. 12. 1983

Plötzlich steht Siggi vor mir auf der Straße. Er hat einen Treff mit drei Punks. Ich gehe mit, als hätte ich nie anderes getan.
Zwei ›verpissen‹ sich, als wir kommen. Einer gegen uns zwei, für uns eine gute Position.
Die Dose rübergereichtes kollegiales Tuborg-Bier lehnen wir ab. Keine Angabe von nicht vorhandenen Gründen. Vielleicht meinerseits falsche Scham.
Ich erkenne das Blabla mit dem Punk wieder. Wetter, wo wer wann, was noch.
Ich vermisse die ›totale Anmache‹, den großen Unterschied, bin enttäuscht und weniger warm angezogen, als der Punker in seiner Montur.
Ich gehe.
Das kann's ja wohl nicht gewesen sein!

MIRIAM

Ich heiße Miriam, bin 16 Jahre alt und wohne momentan noch bei meiner Mutter. Ich versuche aber jetzt, eine Wohnung zu kriegen. Ich gehe noch in die Schule, auf das Gymnasium, und zwar in die Neun. Ich bin in der Acht einmal sitzengeblieben, weil ich anscheinend da nicht so gut war.

Dann habe ich die Schule gewechselt, weil da unheimlich viele Vorurteile waren wegen meiner Schwester. Die hat da ziemlichen Mist gemacht. Da haben die mich immer mit meiner Schwester verwechselt, also bin ich auf eine andere Schule gegangen. Von Ärger halte ich nämlich nicht viel. Denn der fing schon früh bei mir an.

Z. B. kann ich mich noch gut daran erinnern, daß mein Vater, als ich acht war, nie zu Hause gewesen ist. Da war immer unheimlich viel Streit. Der hat zwar ziemlich viel gearbeitet, irgend so was mit Chemie oder Computer. Dann hat er, glaube ich, eine Freundin gehabt und war dann immer bei der in der Kneipe. Mit zehn haben sich meine Eltern getrennt. Sie wollten sich nicht scheiden lassen, weil das zu teuer gewesen wäre.

Mein Vater war da schon Alkoholiker. Wir wußten das zwar nicht, aber das hat sich eigentlich jeder gedacht, weil er immer ziemlich viel

Randale zu Hause gemacht hat. Tische auseinandergeschlagen. Wir hatten eigentlich ein schlechtes Familienverhältnis. Dann haben sich meine Eltern getrennt. Mein Vater ist dann zu seiner Freundin gezogen und hat eine Kneipe aufgemacht.
Meine Schwester war mit 14 nicht mehr zu Hause, erst einmal ein Jahr, und dann fing das bei mir auch an. Ich bin überhaupt durch meine Schwester zu diesen Leuten gekommen. Zu den Punks.
Als ich noch in der Grundschule war, war ich eigentlich ziemlich gut. Ich war auf der Montessori-Schule. Wir hatten eine ziemlich nette Lehrerin. Da gab es so Kärtchen, wo dann draufstand, *Miriam ist ganz toll* oder so was. Mit drei Einsen und sonst alles Zweien bin ich aufs Gymnasium gekommen und war bis zur Sieben ziemlich gut, außer einer Vier oder so. Mathe war noch nie meine Stärke. Da hatte ich halt immer eine Vier drin.
In der Acht fing es bei mir an, daß ich ziemlich viel getrunken habe, und so andere Drogen halt eben, was man sonst so nimmt. Ich bin oft mit meiner Schwester, die ist anderthalb Jahre älter als ich, in *Die Schachtel* gegangen. Das ist eine Kneipe. Da waren halt immer Leute drin, die etwas anders waren als andere. Da hatte meine Schwester einen Freund. Da haben die mir was zu Rauchen angeboten, da habe ich mitgeraucht. Da habe ich noch nichts gemerkt.
Dann fing es dann so langsam an, da kannte ich die Leute, habe noch rumgeschnorrt. Dann fing es auch langsam mit dem Trinken an. Ich habe am Anfang eigentlich wenig getrunken. Dann fing es auch in der Schule an, daß ich da nicht mitgemacht habe, keine Lust mehr hatte. Wir hatten gegenüber immer eine Kneipe, da bin ich hingegangen. Daraufhin bin ich dann auch sitzengeblieben. Ich hatte mehrere Sechsen und sonst alles Fünfen. Weil ich von dem ganzen Jahr nur drei Monate in der Schule war, sonst war ich nie da.
Dann bin ich in eine andere Klasse gekommen, wo ich auch mehrere Leute kannte. Dann war ich zwei Monate nicht zu Hause, war ich abgehauen. Bin ich auch wieder nicht in die Schule gegangen. Das war aber erst das erste Halbjahr, da konnte ich nicht sitzenbleiben. Hatte zwar auch ein schlechtes Zeugnis, obwohl der Lehrer unheimlich nett war, er hat das verstanden. Ich habe ihm das halt erzählt, wie meine Lage ist. Problemfall. Er war auch gleichzeitig Drogenlehrer an unserer Schule.

Dann habe ich das Jahr ziemlich gut geschafft. Ich hatte nur eine Fünf in Latein und ansonsten nur Zweien, Dreien und Vieren. Die Schule habe ich trotzdem wieder gewechselt. Und jetzt geht es eigentlich mittelmäßig, weil, irgendwie sehe ich nicht ein, was ich mit dem Lehrstoff so soll auf der Schule, weil es mich einfach nicht interessiert. Und dementsprechend bin ich dann auch in der Schule.
Im letzten Halbjahr hatte ich also auch wieder vier oder fünf Fünfen, ansonsten nur Vieren und Zweien und Dreien. Ich glaube kaum, daß ich das Jahr schaffe. Aber ich versuche, auf die Volkshochschule zu gehen und da dann meinen Realschulabschluß zu machen. Danach will ich irgendwas mit Schneiderei machen.
Warum ich wieder wechsle?
Mein größtes Problem ist das Aufstehen, weil ich meistens abends spät nach Hause komme. Dann schaffe ich es einfach nicht aufzustehen. Dann habe ich Konzentrationsschwierigkeiten, bin auch ziemlich nervös. Da habe ich mir gedacht, weil meine Schwester das auch gemacht hat, ich muß meine zehn Schuljahre voll haben. Und das ist ja, da ich einmal sitzengeblieben bin, ab der Neun erledigt.
Also kann ich ab dem Herbst an die Volkshochschule gehen und Nachmittagsunterricht machen. Das fällt mir nicht so schwer. Das will ich dann machen, versuchen jedenfalls.
Daß ich Volkshochschule machen will und nicht das Gymnasium, ich glaube, das hat damit was zu tun, weil ich einfach nicht einsehen kann, warum dieser Lehrstoff, den man im Leben sowieso nicht braucht, so unheimlich durchgezogen werden muß. Es werden so viele unnütze Sachen da gebracht.
Wenn man in Erdkunde oder Geschichte was über Umweltprobleme machen möchte oder über Außenseiter (es gibt ja außer Punks noch genügend andere Außenseiter, die sich vielleicht nur nicht so fühlen oder geben), über so was wird überhaupt nicht geredet. Da wird einfach nur der Stoff, Mathe z.B., durchgezogen, und in Erdkunde halt irgendwas über Afrika, was einen eigentlich gar nicht interessiert, weil es auf der anderen Seite der Welt liegt, und wir haben hier ja auch Probleme genug.
So war ich z.B. vor zwei Jahren im Krankenhaus, da war ich auch nicht zu Hause, da habe ich ziemlich viele Tabletten genommen und viel gekifft und anscheinend auch zuviel Alkohol getrunken. Dadurch

ist meine rechte Herzkammer angeschlagen gewesen, daß ich überhaupt nichts, was aufputschend ist, was das Herz belastet, mehr nehmen darf. Ich habe das dann geschafft, indem ich dann drei Monate nur zu Hause war, habe dann ein Jahr weder Zigaretten geraucht, Alkohol getrunken noch sonst irgendwas. Und jetzt halt so ab und zu was trinken.
Was mir hilft, das ist, daß ich mich mit meiner Mutter eigentlich immer unheimlich gut verstanden habe. Bis sie unheimlich verzweifelt war, daß ich so runtergekommen bin. Ich glaube, es hat ihr unheimliche Probleme gemacht, daß es mit meiner Schwester so schwierig war, daß die gar kein Einsehen hat. Sie säuft nur und was weiß ich.
Ansonsten habe ich ein ziemlich gutes Verhältnis zu meiner Mutter. Ich will jetzt nur ausziehen, weil ich irgendwie versuchen will, was für mich allein zu machen. Versuchen, ob ich das schaffe.
Meine Mutter ist im Moment arbeitslos. Wir leben von Sozialhilfe und Arbeitslosengeld. Ich muß also zum Jugendamt gehen. Die werden mir eine Wohnung für 450 DM warm bezahlen. Und dann noch das Kindergeld.
Dann will ich für mich als Punk leben. Gefallen hatten mir Punks eigentlich im ersten Moment nicht, weil ich immer gedacht habe, die würden sich nur besaufen, sonst überhaupt nicht nachdenken. Was bei vielen Punks, muß ich leider zugeben, auch der Fall ist. Die meisten denken auch nur, daß Punk wäre, sich zuzusaufen, Randale zu machen. Aber für mich ist Punk was ganz anderes.
Man kann, indem man sich zusäuft, nicht viel verändern. Ich meine, ich finde das System und die Ungerechtigkeit, die in Deutschland und auch in vielen anderen Staaten herrschen, beschissen. Aber indem man da irgendwelche harmlosen Passanten oder sonstwas zusammenprügelt, ist es auch bescheuert, ist man nicht besser als die anderen, als das System auch.
Z.B. meine ich die Gesetze – im Namen des Volkes – und dann werden Leute, die eigentlich unschuldig sind, zu zwei Jahren Knast verurteilt. Ein Freund von mir war in allen Fällen unschuldig. Er hatte zwar mehrere Anzeigen offen und ist dann zu zwei Jahren und vier Monaten verurteilt worden. Obwohl er unschuldig war. Es waren andere Leute, die angefangen haben. Man wird oft gereizt, wenn man so aussieht.

Ja, wie siehst du denn überhaupt aus. Damals bei Hitler, da wärst du gleich mitvergast worden! Ich meine, das passiert unheimlich oft. Oder: *Wie siehst du denn aus, wie läufst du denn überhaupt rum, Drecksau, Nutte!* So was provoziert einen einfach. Man hat doch eigentlich nur eine andere Meinung. Man sieht anders aus, weil man gerne zeigen möchte, daß man was anderes ist. Aber deswegen muß es ja nicht gleich heißen, daß man bescheuert ist.
Meistens fangen die anderen an, einen dumm anzumachen. Und dann passiert so was halt mal. Die Polizei, die akzeptieren das nicht. Wie oft ich schon zusammengeschlagen worden bin, das ist einfach ungerecht. Ich versuche meine Meinung irgendwie unter die Leute zu bringen. Auch durch anders aussehen. Durch zum Nachdenken anregen. Wenn man immer besoffen ist, hören die Leute einem nicht mehr zu. Deswegen finde ich dieses Erzählen – *Ungerechtigkeit überall, Scheißstaat und mir ist sowieso alles egal, Hauptsache ich bin besoffen* – auch so bescheuert. Das fördert nur die Vorurteile gegen Punks.
Ich bin auch nicht immer für diskutieren, ich bin auch gern mal besoffen und mach auch gern mal irgendwelchen Scheiß, aber ich finde, darum geht's nicht. Es kommt auf die Gesamtlinie an. Das betrifft auch meine Reaktionen auf die Spießer.
Wenn ich ruhig bin, dann sage ich halt eben gar nichts oder gucke sie nur von oben bis unten an und denke mir meinen Teil. Aber je nachdem, wenn ich aggressiv bin, dann fange ich auch Streit mit denen an, oder versuche wenigstens, denen zu zeigen, daß ich auch ein Mensch bin. Daß ich kein Ungeheuer, keine Fata Morgana bin. Ich bin jemand, der versucht, denen zu zeigen, daß irgendwas nicht stimmt. Ich glaube, jeder weiß, daß hier irgendwas nicht stimmt. Die meisten wollen es nicht sehen und stürzen sich in ihre Arbeit. Oder wenn irgendwelche Spießer oder ganz normale Leute mal Alkohol trinken, dann ist das nicht so schlimm, als wenn wir Alkohol trinken, weil wir dann versuchen, irgendwas zu ändern.
Dabei habe ich nichts gegen Spießer. Ich laß die, mach die nicht an. Hauptsache, die lassen mich. Denn ich finde, wenn man Geld verdient, einen Beruf macht und Spaß an dem Beruf hat und nicht einfach nur Geld anscheffelt, dann muß es nicht sein, daß man dann so daherkommt wie die anderen Leute. Ich will ja auch als Schneiderin später keine Kleidung machen, was weiß ich, so wie im Otto-

Katalog oder bei Neckermann. Sondern halt eben meine eigenen kreativen Gedanken verwirklichen.
Spießer heißt doch, keine eigenen Ideen zu haben. Punk ist deshalb auch kein Ausdruck von Provokation. Punk ist eigentlich aus was ganz anderem entstanden. Das hat was mit der Kluft von Arbeit und Arbeitslosen zu tun, mit diesem Streik in England. Und ich glaube nicht, daß die sich direkt so Nieten an die Jacke gehängt haben, um zu zeigen, hier, ich habe keinen Bock mehr, sondern ich glaube, erst nachdem die Chancen kleiner als Null waren.
Die sahen also nicht freiwillig so aus, wie ich ja z.B. Deshalb macht es mir auch nichts, daß es Leute gibt, die total läppisch auf mein Aussehen reagieren. Von wegen *Hähä, hast du die Finger in die Steckdose gesteckt* – oder sonst so'n total dämlicher Satz. Nach einer Weile steht man da echt drüber, wenn man das vier oder fünf Jahre, vielleicht auch nur drei Jahre gemacht hat, dann macht es einem einfach nichts mehr aus. Ansonsten komme ich eigentlich mit den meisten Leuten ziemlich gut zurecht, weil die das einfach akzeptieren.
Anders ist das mit den Bullen.
Ich habe immer das Pech, daß ich mitgenommen werde, wenn ich gar nicht richtig dabei war. Da war einmal eine Sache mit 'nem Typ, den ich ziemlich gut kannte, der wollte einen Raubüberfall machen. Er war total besoffen, ich meine, ich war auch nicht mehr gerade nüchtern, ich habe das eben noch halbwegs mitgekriegt. Ich bin dann auf die Toilette ins *Früh* gegangen, und der muß dann währenddessen den Raubüberfall mit 'ner Knarre gemacht haben. Ich wußte das aber nicht und habe mich hinterher mit ihm in die U-Bahn gesetzt mit meiner Freundin und noch jemandem.
Dann kamen die Bullen und haben uns zum Waidmarkt mitgenommen, verhört, und dann gibt's dann eben so einige Schoten. Die haben mich die ganze Nacht über dabehalten. Aber nicht, daß ich in eine Zelle kam, sondern ich mußte immer wieder die gleiche Geschichte erzählen, weil sie einfach nicht einsehen wollten, daß ich nicht mehr wußte. Einige kamen immer wieder rein, und ich saß da. Sie meinten immer: *Aufstehen, wenn ich reinkomme.* Ich habe das aber nicht gemacht, einfach aus Prinzip. Dann habe ich jedesmal eine geknallt gekriegt. Aber irgendwie sehe ich das nicht ein, daß ich nur deswegen aufstehen soll. Und so was passiert dann halt eben schon mal.

Danach hat man dann so Durchhängetage. Aber dazu muß es nicht unbedingt irgendwelche Anlässe geben. Es gibt auch einfach so Tage, wo ich mich so fühle, daß es keinen Sinn hätte, irgendwas für mich zu machen. Aber das ist eigentlich selten bei mir, weil ich immer irgendwas habe, worauf ich mich freue. Oder versuche, immer was zu haben, worauf ich mich freuen kann.
Das können Kleinigkeiten sein. Daß ich mich mit irgendeinem verabredet habe und dann denke: Ja, du triffst dich mit jemandem. Hast doch noch einen Sinn für jemanden. Oder was weiß ich, irgendwie so ganz kleine Sachen sind das manchmal.
Musik spielt auch eine Rolle. Ich habe fünf Jahre Klavier gespielt, von 10 bis 15, und da habe ich immer nur Klassik-Unterricht gehabt. Deswegen habe ich oft Klassik gehört. Aber irgendwie so mit 12 habe ich dann auch Punk gehört. Das kommt immer ganz auf meine Stimmung an. Wenn ich ruhig bin, höre ich mir Liedermacher oder sonst so was an. Aber es kommt auch durchaus vor, daß ich eine Platte von Tschaikowsky auflege.
Es gibt auch viele Sachen, über die ich nachdenke. Ich glaube an ein Leben nach dem Tod. Oder daran, daß ich bestimmt schon mal gelebt habe. Und dann werde ich wahnsinnig, wenn ich darüber nachdenke, wenn ich jetzt sterben und noch mal auf die Welt kommen würde. Dann wäre ich vielleicht eine ganz andere Person, verhielte mich ganz anders und ginge einen ganz anderen Weg. Das sind ganz komische Sachen. Da wird einem ganz seltsam zumute. Und das sind eben so Tage, wo ich durchhänge, wo ich nachdenke. Ich denke zwar oft nach, aber dann eben ganz besonders.
Und wenn ich zurückblicke?
Nee, ich würde, glaube ich, nichts anders machen.

GESPRÄCH IM POLIZEIPRÄSIDIUM

Wir sprechen zweieinhalb Stunden miteinander, der Presseamtsleiter des Polizeipräsidenten, Herr Schmidt, und der verantwortliche Einsatzleiter für die Domplatte, Herr Knietler.
Sie haben guten Kontakt zu den Punks, reden miteinander, kennen ihre Strafregister wie ihre Sorgen, ihre Wünsche und Gewohnheiten.
Schläge, Wachhalten, Psycho-Terror im Polizeigewahrsam oder durch ungerechtfertigtes Einfahren halten sie für ausgeschlossen, auch wenn sie für einzelne nicht die Hand ins Feuer halten können.
Punks sprechen oft von ›Verweilverbot‹ im Stadtkern, gemeint aber ist § 12 der Polizeiverordnung/des Polizeigesetzes NRW und meint die ›Anordnung einer Platzverweisung‹.
Das ist keine Verordnung gegen Punks, sie trifft auf alle Bevölkerungsschichten zu.
Allerdings, so Schmidt und Knietler, ihre Verfügung ist ›Ermessenssache‹.
Knietler: »Der eine Beamte greift häufiger darauf zurück, der andere drückt schneller mal ein Auge zu.«
Manni: »Es gibt Bullen, die sind o.k., da kannst du ruhig alles raus lassen. Aber es gibt auch welche, z.B. den...«

Platzverweisung
Die Polizei kann zur Abwehr einer Gefahr eine Person vorübergehend von einem Ort verweisen oder ihr vorübergehend das Betreten des Ortes verbieten. Die Platzverweisung kann ferner gegen eine Person angeordnet werden, die den Einsatz der Feuerwehr oder von Hilfs- oder Rettungsdiensten behindert.

VV zu § 12

12 Platzverweisung

12.1 Die Platzverweisung ist erforderlichenfalls mit der Anordnung zu verbinden, mitgeführte Sachen, insbesondere Fahrzeuge oder Tiere, zu entfernen. Der Inhaber einer Wohnung im Sinne von § 19 darf im Hinblick auf Artikel 13 GG nur dann an deren Betreten gehindert oder aus ihr verwiesen werden, wenn eine gegenwärtige erhebliche Gefahr dies erfordert.

12.2 Eine Platzverweisung kann auch gegen Schaulustige angeordnet werden, wenn allein deren Anwesenheit den Einsatz von Feuerwehr, Hilfs- oder Rettungsdiensten, insbesondere die Zu- und Abfahrt der Fahrzeuge, behindert.

Erläuterungen:

1. Die Platzverweisung ist die Aufforderung an eine oder mehrere Personen, sich »einstweilen von einem bestimmten Ort zu entfernen oder ihn einstweilen nicht zu betreten«. Als polizeiliche Standardmaßnahme kommt sie – wenn geeignet – zur Gefahrenabwehr in Betracht. Sie stellt allgemein auf die Abwehr von Gefahren für die öffentliche Sicherheit und Ordnung ab. Die besondere Regelung war notwendig, »weil in vielen Fällen die Voraussetzungen für eine Ingewahrsamnahme nach § 13 I w. PolG nicht erfüllt sind«.

Die Anordnung nach § 12 PolG ist kein Eingriff in die persönliche Freiheit, sondern eine Freiheitsbeschränkung im Rahmen der verfassungsmäßigen Ordnung nach Art. 2 I GG.

2. § 12 PolG ist im Rahmen der Geeignetheit als Ermächtigungsgrundlage heranzuziehen, wenn

2.1 die Voraussetzungen des Gewahrsams nach § 13 I PolG zwar vorliegen, der Gewahrsam aber nicht erforderlich ist (weil die Platzverweisung als milderes Mittel ausreicht),

2.2 wenn eine Gefahr droht, die nicht zu einer Verletzung von Strafgesetzen oder Ordnungswidrigkeiten führt und damit nicht von § 13 I 2. PolG erfaßt ist,

2.3 es zur Unterstützung eines Einsatzes der Feuerwehr oder von Rettungsdiensten und Hilfsdiensten erforderlich ist, um deren Aufgabenerfüllung zu sichern.

3. Die Platzverweisung hat sich in erster Linie gegen die Person zu richten, die die Gefahr verursacht. Wird durch eine Menschenmenge der von einzelnen ausgehende Gefahrenzustand verstärkt, so sind auch sie als Handlungshafter im Sinne von § 4 PolG verantwortlich.

4. Eine Anordnung nach § 12 PolG erstreckt sich – soweit notwendig – auch auf mitgeführte Sachen (Fahrzeuge, Tiere, sonstige Gegenstände).

5. § 12 PolG tritt als Ermächtigungsgrundlage zurück, wenn eine Spezialermächtigung zur Platzverweisung rechtfertigt.

Als einschlägige Spezialermächtigung kommen z. B. in Frage:

5.1 § 1 II Gesetz zum Schutz der Jugend in der Öffentlichkeit, soweit die Polizei wie in Nordrhein-Westfalen sachlich zuständig ist. Kinder, die sich entgegen § 3 Gesetz zum Schutze der Jugend in der Öffentlichkeit in einer Gaststätte aufhalten, sind aufgrund des § 1 II des gleichen Gesetzes von dem bestimmten Ort zu verweisen. § 12 PolG tritt zurück.

5.2 §§ 11, in Verbindung mit § 13 Versammlungsgesetz, § 18 II Versammlungsgesetz, § 19 IV Versammlungsgesetz, soweit die Polizei – in Nordrhein-Westfalen – sachlich zuständige Behörde ist.

6. Erfolgt die Platzverweisung aus der eigenen Wohnung, ist die Abwägung der polizeilichen Verfügung mit Art. 13 GG notwendig, was dazu führt, daß wichtige Gründe für die Notwendigkeit der Beschränkung vorliegen müssen. Das Grundrecht des Art. 13 GG vermittelt auch positive Handlungsfreiheit, so daß die Verfügungsmacht über die Räume beim Grundrechtsträger liegt. Eingriffe und Beschränkungen dürfen nach Art. 13 III GG nur zur Abwehr einer gemeinen Gefahr, d.h. einer Gefahr für eine unbestimmte Vielzahl von Personen oder Sachen von nicht unbedeutendem Wert, oder aber einer Lebensgefahr für einzelne Personen oder zu Verhütung dringender Gefahren für die öffentliche Sicherheit und Ordnung erfolgen. Somit kommt eine Verweisung aus der eigenen Wohnung nur bei Vorliegen einer erheblichen Gefahr als Mindestvoraussetzung in Betracht. Es müssen Gefahren für Sachen von bedeutendem Wert vorliegen.

Die Beschränkung dient dem Zweck, einen bestehenden Zustand abzuändern oder einen Zustand nicht eintreten zu lassen, der seinerseits eine dringende Gefahr für die öffentliche Sicherheit darstellen würde. Ausreichend ist auch die Scheingefahr, soweit sich die Wahrscheinlichkeit bei objektiver Betrachtungsweise feststellen läßt.

Kölnische Rundschau – 18. 1. 1986

Heimzögling litt in seiner Isolierzelle

Öffentliche Erzieher waren überfordert

gw Hennef. Während gestern vor dem Schöffengericht in Köln nach den Verantwortlichen für sein Schicksal geforscht wurde, befand sich Siegfried („Siggi") Z. wieder einmal mit Zahnbürste und Rucksack auf der Flucht vor der „öffentlichen Erziehung". Daß der 16jährige auch in der Vergangenheit häufig ausgebüchst war, wunderte den Vorsitzenden Richter Albert Bartz nicht; denn wenn das Jugendheim Abtshof in Hennef (Rhein-Sieg-Kreis) dem Zögling einmal Wochenendurlaub gewährt hatte, erwartete ihn montags wieder die Einzelzelle.

Ein Jahr, von Dezember 1983 bis Dezember 1984, war Z. die meiste Zeit in einer stickigen, wenige Quadratmeter großen Kammer eingesperrt, die normalerweise nur als Strafe für höchstens ein paar Tage verhängt wird: Isolation, aus Sorge, der Träger des Hepatitis-B-Virus könne die anderen Zöglinge der geschlossenen Abteilung infizieren, zumal seine „soziale Auffälligkeit" nicht zu der Hoffnung berechtigt habe, Siggi werde sich an die strengen Hygienevorschriften für einen Virusträger halten.

Während die Verantwortlichen für die Heimunterbringung, Leo-Herbert H., Leiter des Referates „Öffentliche Erziehung" beim Landschaftsverband Rheinland, und dessen Einzelfallreferent Wolfgang L., immer wieder beteuerten, alles mögliche unternommen zu haben, um das Los des Zöglings zu lindern, sieht Staatsanwältin Maria Mösch den Tatbestand der „fahrlässigen Körperverletzung". Beide erhielten Strafbefehle. Leo-Herbert H. akzeptierte; sein Mitarbeiter riskierte dagegen den Prozeß.

Der Sozialwissenschaftler Wolfgang L. schilderte gestern über mehrere Stunden seine zahllosen, aber vergeblichen Bemühungen, für Siggi eine entsprechende, aber menschenwürdige Betreuung zu finden. Letztlich blieb nur die Einweisung in den Abtshof – gegen den Willen des Heimleiters.

Wolfgang L.: „Wir waren mit unserem System perfekt überfordert." Und später: „Wir haben uns von Strohhalm zu Strohhalm weitergehangelt."

Während der Landschaftsverband auf „das Prinzip Hoffnung setzte" (Bartz), nämlich auf die Realisierung eines „Bauernhofmodells", in dem der Zögling in einer kleinen Gruppe wohnen sollte, litt Siggi Z. in seiner Einzelzelle, bis er am 14. Dezember 1984 von Mitgliedern der Sozialpädagogischen Selbsthilfe Köln (SSK) bei einem Spaziergang auf dem Abtshof entführt wurde. Währenddessen hatte der Hennefer Heimleiter über einen Aufruf in der lokalen Presse endlich Pflegeeltern für den Jungen gefunden. Doch auch da machte sich Siggi wieder aus dem Staub, und erst im Dezember 1984 fand sich für ihn eine Einzelbetreuung bei einem geschulten Erzieher in Mönchengladbach.

Warum erst so spät nach einer solchen Einzelbetreuung Ausschau gehalten wurde, ob die leitenden Beamten des Landesjugendamtes fahrlässig die seelische und körperliche Gesundheit des Jungen beeinträchtigt haben: um diese Fragen geht es in dem Prozeß, für den insgesamt sieben Verhandlungstage angesetzt sind.

Tagebuchnotiz – 4. 2. 1984

Wäre da nicht Siggi (Siegfried Reuter, der Fotograf) gewesen, als ich das erste Mal ›richtig‹ mit auf die Platte (Dom-Vorplatz) ging, um mehr als einen Punk zu treffen, ich hätte gepaßt.
So als wohl-bürgerlicher, uhrzeit-gewohnter Bleistiftkneter sieht man schließlich im Kontrast zum Äußeren von Punks nicht viel unterschiedlicher aus als eine Brautjungfer in Weiß und ein Schornsteinfeger am Ende seines Arbeitstages. Und die Vorstellung einer Art Sprecher von ihnen machte auch nicht mutiger, als er grüßte:
»Bin der Bomber. 1 Meter 86. 101 Kilo Muskeln.«

Bomber (links) mit Smitty und Marion

Siggi

4711

Gut, daß der Siggi Punks seit Jahren fotografiert, er sie und sie ihn alle kennen. So bezogen sie mich in ihr Vertrauen zu ihm mit ein, denn Punks sind in der Regel dick- und dennoch dünnhäutig. Aber wer weiß so etwas schon, ehe er auch nur einen von ihnen kennengelernt hat und ohne gängige Vorurteile zu strapazieren.

Und läßt man unvorsichtig nur einmal das Losungs- und Lösungswort für Bier, Zigaretten oder Schnaps raus, sind gleich drei Dutzend Schnorrerprinzessinnen und -könige da und weichen mit täglicher Routine auch den bestgeschnürten Geldbeutel auf.

Und schnorren und betteln sind zweierlei und weit auseinander. Denn sie schnorren nur das von anderen, was die aufgrund besserer Startbedingungen in ihrem Leben mehr haben.

Sie haben mir das so erzählt. Ihre Karrieren bis zum vorläufigen Lebensziel Punk und ihr Aussehen sind borstig-bunte Antworten.

FLOCK

Ich heiße Andreas Flock, werde allgemein nur Flock genannt und bin in Bergisch Gladbach aufgewachsen. Es ging eigentlich ganz gut an, nur in der Schule hatte ich immer Ärger mit den bösen Lehrern, weil, die konnten mich nicht ab, und ich konnte die nicht ab. Nachher saßen die am längeren Hebel, und das habe ich zu spüren bekommen. Abgangszeugnis. Ich habe auch eine Lehre gekriegt. Die habe ich angefangen.

Als was?

Als Fleischer. Das habe ich eine Zeitlang gemacht. Aber dann hatte ich keinen Bock mehr, weil mich mein Chef wirklich ausgebeutet hat. Dann bin ich dann einfach nachher nicht mehr hingegangen. Zu der Zeit bin ich dann auch mit den Leuten hier in Kontakt gekommen. In Bergisch Gladbach gab es damals punkmäßig nichts. Ich habe mich zwar schon länger dafür interessiert, aber dann habe ich halt hier die Leute kennengelernt. Nachher liefen dann so wilde Feten, dann bin ich von zu Hause rausgeflogen wegen dieser Sachen. Dann bin ich auch in die Marienstraße gezogen.

Jetzt lebe ich eigentlich, was heißt gut, ich finde es gut hier in Köln. Die Leute sind korrekt. Ich kriege mein Geld vom Arbeitsamt. Es ist wirklich nicht viel, es sind 128 Mark alle zwei Wochen, und damit komme ich echt vorne und hinten nicht aus. Es ist noch weniger als Sozialhilfe. Ich muß mir dann von anderen Leuten Geld leihen oder sonst irgendwas Geld besorgen.

Wie geht das?
Irgendwelche Sachen verkaufen, die man irgendwo findet. Die man sich halt besorgt. Die werden dann verkauft, dann hast du wieder ein bißchen Geld. Oder durch sonstige kleine Geschäfte.
Ansonsten ist hier in Köln eigentlich nicht mehr groß los, weil alles, was hier für uns war, abgerissen wird, zugemacht. Zum Teil haben wir das auch selber verschuldet. Aber ich meine, die könnten ruhig mal irgend etwas aufmachen, wo wir auch wirklich was machen können, denn nur kaputtmachen bringt eigentlich nicht viel.
Ich denke an ein Jugendzentrum für uns. Das könnte die Stadt ruhig stellen. Wenn dann einer dafür sorgt, daß das gut abläuft, könnte ich mir vorstellen, daß da echt was draus werden könnte. Mit so richtigen Leuten.

Hast du das Gefühl, daß du von solchen Stellen, du hast eben Stadt gesagt, im Stich gelassen wirst?
Ja, auf jeden Fall. Die Stadt akzeptiert das halt eben nicht, wie wir leben. Was wir so machen. Ich weiß wirklich nicht, hier in Köln ist echt Scheiße, stadtmäßig, jugendamtmäßig, alles. Die fucken einen so ab auf den Ämtern und überall. Da haste echt keinen Bock mehr drauf. Deswegen wird sich auch, glaube ich, nichts ändern. Ich will so lange wie möglich Punk bleiben. Es hat auch nichts mit Aussehen zu tun, das muß man im Kopf sein, Punk.

Was heißt das? Versuch das mal zu umreißen?
Punk ist eine Überzeugung und keine Kluft, kein Aussehen. Ich kann auch Punk sein und kann mit ganz normalen Sachen rumlaufen. Nur halt keinen Bock auf den Scheiß Staat und so zu haben. Auf den Bullenterror und so was alles. Ich werde wohl immer so denken, wie ich heute denke, wenn sich hier nicht was ändert. Ansonsten werde ich wohl so bleiben. Frei, das ist es.

Wo ist eigentlich der Punkt, wo es dich am meisten berührt, daß von außen Unfreiheit an dich rankommt?

Die Gerichte. Du kannst nichts gegen die machen. Wenn du mal irgendwas verbrochen hast, wie Körperverletzung oder so, dann hängen die dir gleich noch so einen Kram an, wo du gar nichts mit zu tun hast.

Körperverletzung reicht ja wohl auch eigentlich.
O.K. muß nicht sein. Aber laß dich mal reizen. Hundertmal sagt einer: Guck dir diese Drecksau an! Beim nächsten Mal klopfst du dem nächsten eins aufs Maul, und schon bist du wieder dran. Daß hundert Leute keins aufs Maul gekriegt haben, das zählt nicht. Der, der Drecksau gesagt hat, dem sagt man: War einmal, o.k., tu's nicht wieder, das war's dann. Und ich krieg wieder dick einen verbraten.

Was möchtest du haben, wenn du es dir aussuchen könntest?
Meine Ruhe. Und Spaß, vor allem Spaß. Daß mich die Leute in Ruhe lassen. Dann laß ich sie auch in Ruhe. Wenn die diese Welt nicht kaputtschlagen, haben wir doch alle Platz da, genug. Aber immer wollen die ja da hin, wo schon einer ist, und haben, was schon einer hat. Dabei ist es meistens so, daß jeder noch zuviel hätte, wenn sie es mit einem teilen würden, der gar nichts hat.

Und warum sollte jemand, der arbeitet für sein Geld, mit jemandem teilen, der nichts tut?
So einfach ist die Kiste nicht. Wenn z.B. nur die teilen würden, die nichts für ihr Geld getan haben, und denen abgäben, die keine Chance hatten, dann sähe doch die Welt schon anders aus, gerechter. Und es gibt viel mehr Leute, die nichts tun und alles haben, als die, die dafür malochen. Dann gibt es noch über zwei Millionen Arbeitslose.

Für die etwas getan wird.
Aber sie gehen ein über ihrer vielen Zeit und weil sie nicht gebraucht werden und weil sie verachtet werden und verarscht. Das sind doch alles Almosen, auch das Gerede über wir müssen was tun. Das ist alles Fettwanst-Politik, und ich als kleiner Arsch, der hat doch keine Chance.

War deine Lehrstelle keine?
Scheiß! Für die lumpigen Kröten hat der mich ausgenommen und zur Minna gemacht und zur ärmeren Sau, als die wir geschlachtet haben. Das hältst du ein, zwei Jahre durch, aber nicht länger. Bis du anfängst, kein Mensch mehr zu sein.

Aber als Punk bist du einer?
Auf jeden Fall unter den Punks. Die kennen dich, da kommst du aus, da bist du einer, da kannst du reden. Die lassen dich machen, was du willst, und wenn du Scheiß machst, akzeptieren die den auch. Dann fängste wieder neu an, der Scheiß ist vergessen, da hast du deine Chance.

Zoff untereinander gibt es nie?
Klar. Aber du haust dir die Nase platt, und es ist vorbei. Am nächsten Tag teilst du das Geschnorrte. Basta. Du behältst nicht schlau im Kopf... der hat dir, du hast dem... da gibt es Putz und dann Ende. So oder so.
Das ist ehrlich, verstehste? Nicht so'n Scheiß Hintertürchenleben mit oben beten und unten treten.

Wie geht es weiter?
Ich weiß ja nicht mal, was ich gleich mache, in einer, in zwei Stunden. Ich denke nicht an die Zukunft wie du. Kein Bocking.

Hast du da was gegen?
Nicht die Ratte. Aber ich sag dir, du mußt mal so weit kommen, daß du nichts denkst, nur fühlst. Die Sonne, nimm mal die Sonne. Plötzlich kommt die Sonne. Du sitzt da, machst die Augen zu, es wird warm, du bist ganz ruhig und friedlich und kannst das aushalten. Ohne Gehetze und Termine. Denkst nicht an Geld und Fressen und Saufen oder irgendeinen Scheiß. Einfach nur sitzen und fühlen.

Was ist, wenn ich das kann?
Dann bist du Punk!

Und wie geht es weiter?

Vielleicht werde ich bald mal arbeiten gehen, auch wenn es mir stinkt. Ich hab keinen Bock zu arbeiten, damit sich irgendein fettes Bonzenschwein an mir dumm und dämlich verdient. Ich glaube, das ist alles was ich zu sagen habe.

Tagebuchnotiz – 3. 4. 1984

Renne über die Kölner-Dom-Platte zum Bahnhof. An einer Dombau-Lotterie-Bude vorbei sehe ich im Windschatten der Domrückseite etwa ein Dutzend Punks: bunt, sitzend, lachend. Ich bleibe stehen.
Eine Touristengruppe von ›Damen und Herren‹ ab sechzig aufwärts kaufen Lose, öffnen sie, werfen die Nieten und Lostüten achtlos auf den Domplatz, der Wind trägt sie weg. Häßlich kleben sie bald in der Nässe rund um den Dombrunnen.
Ich schnappe Bemerkungen auf:
»Seht euch die da hinten an!«
»Arbeitsscheues Gesindel!«
»Hitlers Arbeitsdienst wäre genau das, was die brauchten!«
»Ach was, zu Hitlers Zeiten hätte es die erst gar nicht gegeben!«
»Jawohl, vergast gehören die!«
»Und wir bezahlen für diese Ausgeburten noch mit! Sozialstaat, für die gehört er abgeschafft!«
Ich habe meine Tasche umgedreht, schreibe auf einem Briefumschlag mit. Als die Gruppe mich entdeckt, tuschelt man, geht weiter. Ein Mann ruft mir zu:
»Sie sind auch nicht besser!«
Diese Punks und diese Touristen sind sich nie vorher begegnet. Auch hier nicht begegnet. Ob es wirklich nur die Kleidung, die bunte Aufmachung, das andere Aussehen sind, die solche Ungeheuerlichkeiten auslösen?
Ich beschließe:
Die versuchst du kennenzulernen, von denen mußt du mehr erfahren. Ob das geht, weiß ich nicht. Wenn ich ehrlich bin: Bei dem Gedanken, einen der Punks oder eine Gruppe von Punks auszuquetschen, wird mir ganz schön mulmig.

BOCKI

Erzähl mal ein bißchen von dir.
Ich heiße Bocki, eigentlich Sabine, bin 17.

Wie kommst du zu dem Namen?
Weil ich mit Nachnamen Böckler heiße.

Was machst du?
Ich mache noch Schule, bin jetzt in der 11. Ich will das auch weitermachen, weil ich später mal irgendwas mit Nähen machen will. Ich will dann hinterher Fachoberschule für Gestaltung machen.

Was ist das für eine 11?
Gesamtschule, das nennt sich dann ab der 11 Städtisches Gymnasium. Ich wohne noch bei meiner Mutter, weil es die absolute Powermutter ist, die beste Mutter, die man sich überhaupt wünschen kann.

Was sagt sie zu deinem Aussehen?
Der ist das egal. Die meint, ich müßte halt das machen, was ich für richtig halte. Vielleicht renne ich in 10 Jahren auch im Faltenrock rum, meint 'se. Es wäre ihr egal, was ich mache, so lange ich irgendwie meine Einstellung behalte.

Umreiß die mal.
Wenn ich so weitermache: Schule, keine Randale, Pläne für die Zukunft, nicht viel kiffen und saufen und nach Hause kommen und über alles reden.

Bist du dann für die anderen überhaupt Punk?
Punk ist nicht Saufen und Klopperei, wie die meisten Leute meinen. Punk ist eine Lebensanschauung.

Was heißt das?
Für Freiheit kämpfen, für die Umwelt, für Gerechtigkeit unter den Menschen, daß es nicht Superreiche und Superarme gibt, keiner verhungert...

Muß man dazu Punk sein?
Sonst bemerkt dich doch keiner. Ruf mal, hallo hier bin ich und will die Welt aus den Angeln heben, die kriegen doch'n Lachkrampf. Aber wenn du Punk bist, dann hören sie dir vor lauter Verunsicherung schon automatisch zu.

Auch die Lehrer?
Nein, die meisten Lehrer sehen das ganz cool, weil die mich halt seit der 5 kennen und wissen, daß ich das, was ich sag, auch begründen kann. Und deswegen nehmen sie es auch ziemlich lässig.

Auch ernst?
Ja. Bei mir ist das so, weil ich alles relativ politisch sehe. Weil ich einfach keinen Bock habe, diese Einheitsmalerei, alles grau und schönes Wetter heute, und der Papst sagt und das machen wir dann auch. Darauf habe ich keinen Bock mehr.
Ich habe mit 14 oder 13 angefangen, mich für Politik zu interessieren, und irgendwann wurde es dann immer mehr, und dann habe ich die Punks kennengelernt, und dann ist das irgendwie so gekommen auch mit den Klamotten.

Die haben für dich demnach einen politischen Stellenwert?
Ja, für mich ist das politisch.

Was bedeutet es für dich, z.B. mit den zweien hier zusammenzusein, die eine andere Karriere hinter sich haben?

Es ist mir egal, ob jemand aus dem Heim kommt oder aus dem Hahnwald (Prominenten-Gegend) oder so. Es kommt darauf an, was er im Schädel hat.

Nun sind Punks nicht immer friedlich.
Es gibt auch Streit, so ist das nicht. Streit gibt's aber überall.

Die Miriam redet dazwischen.
Miriam (S. 36): Der Bomber (S. 28) hat ihr eine geballert.

Wie war das?
Da waren wir vorm Wartesaal (Veranstaltungsort für Rockmusik), und die Miriam hatte, sie war damals noch meine beste Freundin, sie hatte keine Knete für den Eintritt. Da wollte ich für sie schnorren. Aber der Bomber meinte zu mir, ob ich meine Knete schon hätte. Da sagte ich, ich habe meine Knete. Ich will nur noch für die Miriam schnorren, ob er mir helfen will. Da meinte er, nee, für die Miriam nicht. Da habe ich mich mit ihm gefetzt, und irgendwann hatte ich halt eine hängen. Der Bomber war schon den ganzen Tag ziemlich mies drauf, und auf einmal ging es dann halt patsch. Pech!

Wie hast du reagiert?
Och, ich weiß nicht, ich hatte das am nächsten Tag schon vergessen. Nur der Bomber, der hat noch zwei Wochen lang nicht mit mir gesprochen.

Warum?
Weil der's nicht gerne hat, wenn man gegen ihn ist. Vor allem als Frau.

Hat sich Emanzipation bei den Punks noch nicht rumgesprochen?
Ach Quatsch. Bei uns ist es halt so, daß, wenn man nicht gut drauf ist, das gleich austrägt. Nichts schlimmes dran. Finde ich schon o.k.

Vielleicht noch deine Perspektiven, wie es weitergehen soll.
Ich will auf jeden Fall die Schule fertig machen, weil ich dort z.Z. kein Problem habe. Hinterher Fachoberschule und so. Ich glaube nicht, daß ich irgendwie nur wegen der Schule oder so meine Klamotten ändern würde. Ich glaube nicht, daß ich überhaupt einen Grund sehe dafür. Wenn die Leute mich so nicht akzeptieren, wie ich aussehe, dann können sie mich mal.

PUNK-MUSIK-GRUPPEN

Aheads – Aktive Notwehr – Die Allierten – Angelic Upstarts – Angry Samoans – Anti Nowhere League – Appendix – Bad Brains – Bastards – Beton Combo – Black Flag – Böhse Onkelz – Body Checks – Boikottz – Boskopps – Broken Bones – Blitzkrieg – Brutal verschimmelt – B. Trug – Business – Canalterror – Cellophan – Chaos – Chaotic Discord – Cock Sparrer – Combat 84 – Conflict – Cotzbrocken – Daily Terror – Der durstige Mann – Destrucktions – Die Deutschen kommen – Dumpy's Rusty Nuts – Dead Kennedys – English Dogs – Exploited – Finish Spunk – Der Fluch – G.B.H. – The Gonads – Government Issue – Hans-A-Plast – Herbärds – Hüsker Dü – The Idiots – Indescent Exposure – Inferno – Kansan Uutiset – Killer Pralinen – Kleenex – Lustfinger – M.A.F. – Major Accident – Massacre – Meatmen – Misfits – MDC – Mottek – Necros – Neurotic Arseholes – Nikoteens – No Fun – Normahl – Östro 430 – The Oi of Sex – One Way System – ONS – Peter and the test tube babies – Partisans – Plasmatics – Propaganda Live – Rabatz – Razors – Riistetyt – Rock Krepierer – Rotzkotz – Screwdriver – Secret Life of Punks – Sex Pistols – Siste dagers helvete – Skeptix – Slime – Stosstrupp Stress – Schwarze Arktis – The Shaggs – Targets – Tarnfarbe – Tervet – Kadet – Toxoplasma – Triebtäter – Ultra – Underground – U.K. Subs – Vaurio – Vomit Visions – Vorkriegsphase – Vortex – ZK

PUNKS
THE SECRET LIFE OF
THE
EXPLOITED
CHRON GEN
4 SKINS
INFA RIOT
THE
USINESS
BLITZ
THE
ARTISANS
PETER AND
THE TEST
TUBE BABIE
THE
LAS RESORT
THE GONADS
SECRET

MICHAEL

Mein Bett – aber nicht mich

Ja, wie hat das angefangen? Vor zwei Jahren, denke ich. Mächtig Zoff zu Hause. Mein Alter hat sich öfter scheiden lassen. Neu geheiratet. Dann gab's mächtig Streß immer. Die neuen Frauen haben mir nicht immer gefallen.

Schule.

Grundschule, Superschüler. Also Gymnasium. Dann Umzug nach Bergheim, in dieses Nest. Da auch aufs Gymnasium. Kein Bock mehr gehabt. Realschule. Die hab ich mit Ach und Krach dann zusammengebastelt gekriegt. Dann hat man mir eine Lehre zugeschustert, die habe ich abgebrochen.

Noch 'ne Lehre. Bauzeichner. Dann irgendwas mit Elektro zwei Monate. Dann Maler und Lackierer. Habe ich auch abgebrochen. Wie das immer so kam? Einfach keine Lust mehr gehabt. War mir zu

langweilig. Hab zwischenzeitlich auch ein paar Punker kennengelernt. Das war sehr interessant dann. Bin immer mit denen zusammengewesen.
Dann fing der Streß zu Hause wieder an. He, wie siehst du denn aus und so. Die grausige Musik, schalt mal den Lärm aus!
Dann habe ich mich das erste Mal dünne gemacht. Das waren so ein paar Tage. Damit fing's dann eigentlich an. Dann bin ich immer wieder abgerückt von zu Hause. Mal zwei Wochen kreuz und quer durch die Geografie. Danach bin ich irgendwann zu Hause angetanzt. Ach, kommst du auch mal wieder? Was hältst du eigentlich von arbeiten? Ich sagte: Scheiße, kein Bock! Dann machte er große Diskussion mit mir. Das war mir zuviel, ich bin dann wieder abgehauen. Kleine Deutschlandtour gemacht, Koblenz, Bonn und so.
Was mein Vater macht? Der ist irgend so ein leitendes Tier bei 'nem Elektronik-Konzern. Hat mir trotzdem den Geldhahn zugemacht. Obwohl er haufenweise Knete hat.
Dann bin ich mal beim Sozi angetrabt, von wegen wie ist das mit Kohle und so. Der meinte, als Kind besser verdienender Eltern, oder wie er sich ausgedrückt hat, is nicht. Ich soll meine Alten ranziehen. Für meinen Alten haben sie mir einen ganzen Stapel Formulare auf den Tisch geknallt und gesagt, soll der mal ausfüllen. Die hab ich dem dann hingeblättert. Aber der Alte meinte nur: Is nich.
Ich wieder zum Sozi hingetrabt, dem den Scheiß auf den Tisch geknallt und gesagt, mein Alter will nicht ausfüllen. Macht ihr mal was. Das habe ich jetzt dreimal gemacht. Ich glaub, der Sack hat irgendwie eine Abneigung gegen mich. Der will nicht.
Ich halt zu meiner Oma hin. Die hat mir ein Scheinchen in die Hand gedrückt, dann noch mal bei meiner Mutter, meiner ersten, von der bekomme ich dann immer im Monat meine Kohle. Dann gehe ich mal bei meiner Oma essen. Die zieht auch mal die Klamotten durch die Waschmaschine. Irgendwann mieft das ja dermaßen erbärmlich, dann habe ich selber die Schnauze voll, obwohl es mich eigentlich im Grunde nicht stört. Ansonsten ziehe ich durch Deutschland.
Ja, und dann die Sache mit meiner Frisur. Zuerst habe ich die Haare ein bißchen abgeschnitten. Früher hatte ich sie nämlich eigentlich ziemlich lang. Dann habe ich sie abgeschnitten und schließlich einfach so hochgebaut, wie er sie hat.

… er, Smitty, mit Siggi

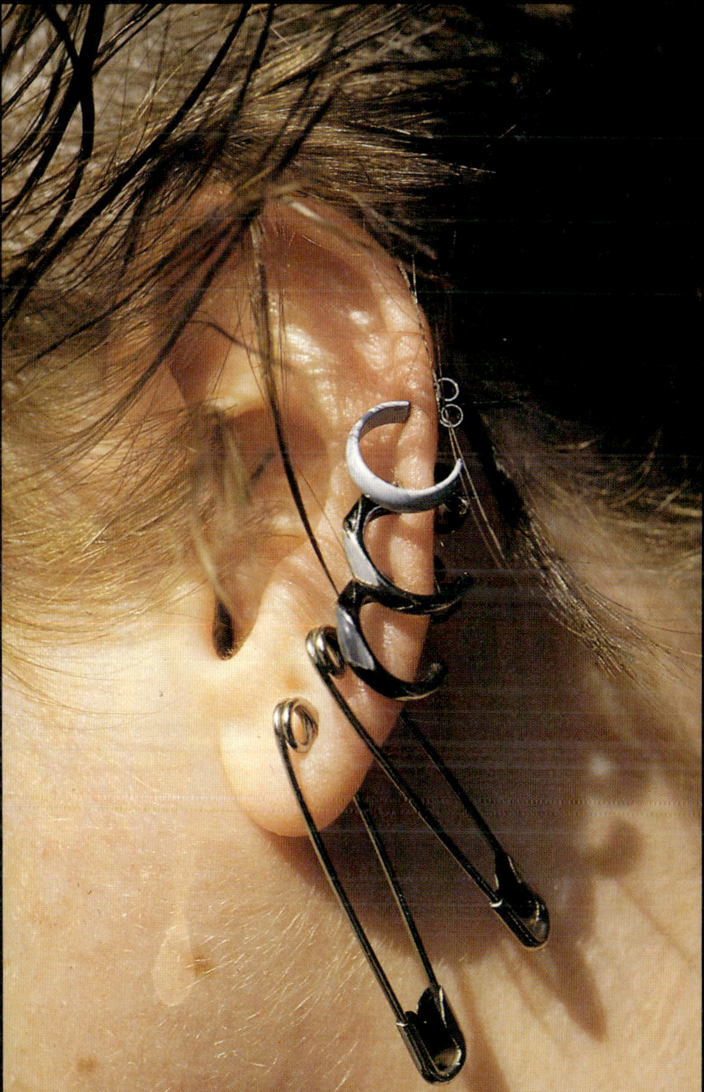

Punker-Stolz

Das hat mich bald genervt. Dann ein bißchen rumgeschnitten, das war total Scheiße, weil der Typ überhaupt keine Ahnung hatte, wie eine Schere funktioniert. Da kam so ein Hickhack raus.

Eine Exkeule von mir ist Friseuse. Die hat gesagt, ich soll mal vorbeititschen. Dann hat sie das halt zusammengebaut. Seitdem kriege ich das immer da gemacht. Zum Nulltarif. Das heißt, es sind schon wieder ein paar Wochen her. Ich müßte eigentlich mal wieder vorbeititschen.

Wenn ich so mal mein Leben vergleiche zwischen früher als bravem Mutter- und Vatersohn und heute als Punk.

Heute habe ich relativ wenige, die mir sagen, was ich zu tun habe. Dagegen gibt es eine Menge Leute, die mir Knüppel zwischen die Beine werfen wollen. Ich versuche so ziemlich das beste daraus zu machen und so zu leben, wie ich will. Also, daß mir niemand sagt, was ich zu tun habe. Ich komme und gehe, wann ich will. Ich sehe ansonsten zu, wie ich fertig werde mit allem. Das ist für mich das wichtigste, daß mir keiner sagt, was ich zu tun habe.

Die anderen Leute interessieren mich eigentlich gar nicht mehr so sonderlich, weil es viel zu viele sind. Die gaffen mich blöd an. Sollen sie halt.

Andererseits, für mich hat es irgendwie auch seinen Sinn, daß sie mich angucken. Auch wenn sie halt nur über mich lachen und meinen: He, ein Spinner. Das ist mir egal.

Nein, die begreifen nicht, worum es geht. Das macht mir ihr Lachen und Gaffen deutlich. Deswegen ist es wichtig für mich. Denn jeder hat seine eigene Lebensphilosophie.

Ich will so leben, wie ich will. Mir paßt das ganze Angepaßte, dieses Genormte nicht. Da habe ich was gegen. Jeder macht seine Million, trabt dem gleichen Trott nach, zieht ziemlich dasselbe an oder macht auf Modewelle. Reiten auf irgendeiner Welle, und nach ein paar Wochen ist wieder was anderes o.k.

Selbst daß die so sind, wie ich nicht mehr sein will, das toleriere ich. Ich gucke mir das an, dann ist das gefressen, fertig, Ende. Aber ich erwarte das von allen Leuten. Daß sie es bei mir auch tolerieren. Aber das tun eigentlich die wenigsten. Ich meine, es gibt Leute, die tun's. Der große Teil tut's aber nicht. Arbeitsfaules Pack und so'n Kack. Ich verstehe diese Reaktionen nicht immer. Fällt mir oft sehr schwer.

Oft frage ich mich, wie lange man so was aushalten kann.

Im Augenblick weiß ich das noch nicht. Ich habe von Leuten gehört, die sollen so um die 40 und noch Punk sein. Ich will sehen, daß ich es so lange mache, wie es nur geht. Was danach kommt, daran denke ich vorerst nicht. Ich sammele erst mal Erfahrungen. Ich hoffe, die zeigen mir dann, wo's später langgeht. Ich hab ja auch keine Erwartungen an Luxus oder so. Aber ans Leben.
Wenn du krank wirst und verreckst, was hast du dann gehabt, gesehen? Wenn sie die Welt kaputtschmeißen, was war dann? Und Kleinkriege im Büro führen um Geld, Karriere und so? Das ist genauso miese wie Krieg im Großen.
Was hat die Menschheit schon gelernt in den letzten tausend, von mir aus auch hundert Jahren? Aus den Katastrophen. Ich denke, schon deshalb muß man einiges mal anders anpacken. Das Leben auf das Wesentliche konzentrieren.
Natürlich gibt es Momente, wo man schon einmal durchhängt. Oder wo man sich mal was anders wünscht. Zum Beispiel, wenn ich Kohldampf habe und es ist keine Kohle da. Dann ärgere ich mich tierisch, weil ich wahnsinnig viel esse und vor allen Dingen auch einen Tick kriege, wenn ich ein oder zwei Tage nichts zu essen habe. Also dann rastet bei mir irgendwas aus. Dann gehe ich total in die Paranoia, wenn ich nichts für die Zähne habe.
In solchen Momenten stelle ich mir vor, obwohl es dann Träumereien sind, ich hätte die Taschen voll Geld. Geld macht's alleine nicht. Es ist mir im Grund auch scheißegal. Von mir aus könnte es auch abgeschafft werden, weil es mich gar nicht interessiert. Aber in so Momenten wär's ganz nützlich. Hunger ist nämlich nicht so witzig.
Was ich rückblickend anders gemacht hätte? Anders machen würde, wenn ich es noch mal anpacken würde?
Ich glaube, ich würde viel früher mit diesem Trip anfangen!

PUNK-SPRÜCHE

Früher war der Papa Punk,
jetzt rockt er wieder – Gott sei Dank.

Lieber Punk
als Stunk.

Der Spießer läßt die Bomben rumsen,
der Punk will für den Frieden bumsen.

Lieber Punk und rosarot
als spießergrau und mausetot.

Kein' Scheiß mehr in die Lüfte pusten
der Punk hört schon die Vögel husten.

Bullen, sucht im Keller Schutz,
jetzt hau'n die Punker auf den Putz!

Fussel

Punks im Haus ersetzen den Bagger.

Punks haben Spaß – Spaß beiseite!

Drei Tage lag er auf der Matte,
weil er die Angina hatte.
Seit heute ist er nicht mehr krank,
jetzt schnorrt er wieder, Gott sei Punk.

Marmor, Stein und Eisen bricht,
nur ein Punk trotz Saufen nicht.

Statt Kernkraft und Atomraketen
lieber geile Punkerfeten.

Lieber Punk auf Erden
als Engel im Himmel.

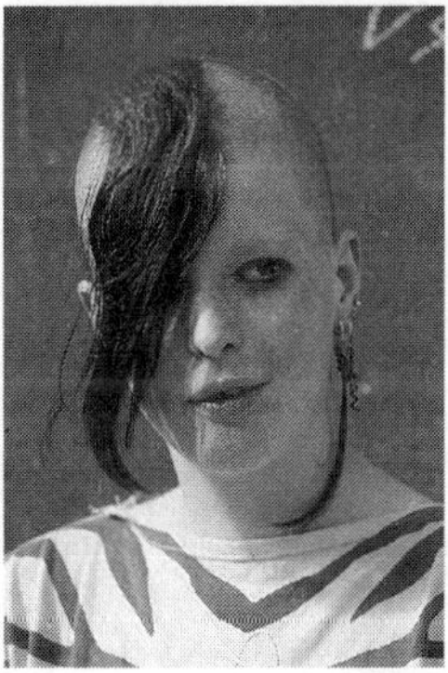
Hobsy

Das Leben ist hart,
Punks sind härter.

Weil uns die Bullen nicht liegen,
sollen sie sitzen.

Punks lachen, kein Punk kichert,
sie sind nicht Allianz versichert.

Sagt der Punk: Bin's nich gewäse,
redet er nur Iro-Käse.

Wer läuft so spät durch Gras und Raps,
es ist der Punk, besorgt noch Schnaps.

Wo im Haus die Puppen tanzen,
gibt es Punks und viele Wanzen.

Wasch dem Punk die Punkerglieder
und du kennst ihn nicht mehr wieder.

Jeder Punk besitzt ein Tier,
und sei's der Kater nach viel Bier.

FUSSEL

Eigentlich heiße ich Helga, aber die meisten Leute sagen ›Fussel‹ zu mir. Wegen der Haare und wegen dem Suff.
Ich bin 16 Jahre, wohl eine von den jüngsten.
Früher in der Schule habe ich schon immer Randale gemacht und bin dann geflogen. Die Lehrer haben mir immer Sechsen gegeben in den Arbeiten. Da war ich nie mit einverstanden. Habe ich also die Lehrer angepöbelt.
Erst bin ich als Hippie auf der Platte rumgelaufen. Da habe ich die Zombies kennengelernt, und dann ging es immer mehr zum Punk.
Dann fing der Streß mit meinen Alten an. Der war an sich schon immer ein bißchen da, weil meine Schwester vernünftig ist. Dann saufen und kiffen. Immer nur Scheiße bauen. Da haben mich meine Eltern in ein Internat gesteckt.
Nach zwei Wochen hatte ich kein Bock mehr drauf, bin ich vom Internat weg und kam in die Tempelstraße ins Erziehungsheim. Das ist in Köln-Deutz, ein Aufnahmeerziehungsheim. Da hatte ich bald auch kein Bock mehr, bin auch da abgehauen.
Dann meinten meine Eltern, ich könnte nach Hause kommen, wenn ich nüchtern wäre, oder wenn ich so fertig wäre, daß ich sie nicht mehr anpöbeln würde. Das war aber nichts. Also kriegte ich 'ne Wohnung, und die kriege ich von denen bezahlt.
So einfach ist das, wenn du Geld hast. Kaufste dir, was du willst. Auch deinen Frieden. Die Leute wollen mich nämlich nicht. Ich müßte ordentlich hingehen. Dazu habe ich aber keine Lust. Weil es blödsinnig ist, wenn ich so rumlaufe und mich ordentlich anziehen soll. Entsprechend ist mein Verhältnis zu meinen Eltern:
Scheiße. Manchmal geht's, manchmal geht's überhaupt nicht. Nur ab und zu geht's mal ganz gut.
Ich habe jetzt mit der Gabi Schule gemacht, Abendschule. Vorher sind wir auf einer anderen Abendschule gewesen. Da haben wir immer Bier getrunken und so. Dann haben wir auch keinen Bock mehr gehabt in letzter Zeit. Immer besoffen in die Schule, dann hätten wir auch direkt wieder gehen können, glaube ich. Jetzt wollen wir morgens machen, versuchen es zumindest.
Was ich schließlich will, wo es hingehen soll?
Eine Wohnung will ich haben, die nicht von meinen Eltern bezahlt wird. Aber arbeiten will ich nicht. Leben am liebsten von Sozialknete.

Das finde ich zwar nicht gerade richtig. Aber ich habe auch keinen Bock drauf, bei irgendeinem Chef mich einzuschleimen.
Mir macht es Spaß, so rumzulaufen, wie ich bin. Wie ich jetzt bin. Letztes Jahr bin ich noch als Springer in Nietenweste rumgelaufen. Aber als Springer fühlte ich mich nicht mehr wohl. In den Springerstiefeln schon. Da hast du warme Füße und guten Halt. Aber weil's Bundeswehrstiefel sind, stinkt mir das. Wenn ich jetzt mit Turnschuhen rumlaufe, dann tun mir meine Füße weh. Das ist der Nachteil.
Aber insgesamt bin ich gut drauf. Was ich mache, ist in Ordnung. Da bin ich total frei.
Was mir bei den Spießern nicht gefällt, das ist, daß man sich überall anpassen soll. Daß man immer aufpassen muß, daß seine Klamotten nicht dreckig werden und so. Man kann nicht schnorren, wenn man kein Geld hat. In normalen Klamotten kriegt man nix. Also renn ich so rum, weil's mir Spaß macht. Überhaupt, weil ich Haß auf die anderen Bürger hab, auf die meisten, die so rumlaufen. Z.B. kann ich auch keinen echten Pelz ab. Die haben nur Interesse für Geld und Klamotten und Mode. Auf die Menschen und das Leben fahr'n sie nicht ab.
Einschleimen für sowas, da hab ich keinen Bock drauf. Einschleimen ist überhaupt schlimm. Das schlimmste. Das ist bei uns anders. Entweder wir vertragen uns, oder wir prügeln uns.
Und dann trampen. Das ist es. Überall in Deutschland rum. In Städten, wo was los ist.
Leben, so lange es noch geht, daß die Spießer da nicht drauf kommen. Ich glaub, eh die merken, daß es überhaupt nur ums Leben geht, haben die uns, sich und die Welt längst zu Klumpen gemacht.

Jeder Tag ist gleich lang, aber verschieden breit*!

*breit: Ausdruck für ›gut voll‹. Angereichert mit Alkohol oder anderen Drogen.

Tagebuchnotiz – 4. 9. 1984

Eine der Punkerinnen hat sich vom Balkon im achten Stock gestürzt. Die ich antreffe, sind ganz schön angekratzt, mitgenommen.
Ich habe das Gefühl, als wollten sie sich alle rausreden. Die Frage kreist darum: War sie gedoped oder nicht? Keiner will zugeben, daß ein klarer Kopf bei totaler Ausweglosigkeit...
Das muß was anderes, da muß was im Spiel gewesen sein. Da gibt es doch die Punk-Idee, da kann doch nicht...
Alle Fragen werden keine Antwort finden. Wieder muß näher an die eigenen Vorstellungen gerückt werden, damit wenigstens sie selbst, geschweige die anderen sie glauben.
Freiheit ist ihr Losungswort. Hier könnte es ›überlebensgroß‹ geschrieben worden sein. Statt dessen ducken sie sich wie Unterlegene bei einer Prügelei.
Da regt sich in einem ein bisher nicht gekannter Nachhilfelehrer. An der Ideallinie orientiert. Vom Punk-Alltag wenig beleckt.
»Halt die Schnauze!« zigmal schon bei den Punks gehört, nicht an mich gerichtet. Trotzdem, wie unfreundlich auch sonst, ich halte.

MANNI

Ich bin der Manni. Ich komme auch aus der Lessingstraße.
Ich habe zwei Jahre in der Marienstraße gewohnt, da haben sie uns abgerissen. Dann bin ich oben in die Lessingstraße gezogen.
Ich sag dir, das mit dem Abreißen war Scheiße. Das Haus war auf fünf Jahre besetzt, und sie hätten uns eigentlich einen Brief schicken müssen, daß sie innerhalb von soundso räumen, aber die haben uns gar nichts geschickt. Die haben uns einfach so abgerissen. Es war eine Schweinerei. Da standen wir erst einmal auf der Straße. Jeder mußte erst einmal gucken, wo er unterkam.
Aber das fing ja bei mir schon als Kind an. Da wurde ich auch schon abgeschoben. Ich bin nämlich schon mit drei Jahren ins Heim gekommen. Seitdem war ich immer im Heim. Meine Alte hat mich da nie besucht.
Dann mit vierzehn haben die mich in ein Erziehungsheim gesteckt, haben mich gezwungen zu arbeiten.
Da war ich einen Monat, dann bin ich abgehauen. Dann bin ich zum SSK gegangen. Das ist so eine Selbsthilfegruppe. Die haben mir dann geholfen, so mit Jugendamt klären und so.

Vom Jugendamt, von denen habe ich dann immer Kohle gekriegt. Ja, auch auf eine Schule geschickt haben sie mich. Schule für Schwererziehbare. Da hat aber keiner von uns was gemacht.
Schwererziehbar, weißt du, was das heißt? Prügel!
Ich habe immer gemacht, was die wollten. Trotzdem. Ich habe am meisten Dresche im Heim gekriegt. Deswegen bin ich dann immer abgehauen.
Prügel ist für mich schlimm. Schon bei dem Wort wird mir schlecht. Man kann Menschen totprügeln. Innerlich, meine ich. Vor allem Kinder. Was passiert. Damit du nicht geprügelt wirst, prügelst du selbst. Ganz mechanisch.
Die im Heim, die diesen Mechanismus in Gang gesetzt haben, die werden dafür nicht bestraft. Aber ich, wenn ich einen platt mache. Denn ich teile ja auch manchmal aus. Ich stecke auch viel ein, weil ich Punk bin. Scheiß Punk! Das ist was, was ich nicht hören kann. Scheiße bin ich auf jeden Fall nicht.
Im Augenblick kriege ich 320 Mark Sozialhilfe im Monat. Da komme ich drei Tage mit aus. Dann geht das Schnorren los. Wenn ich eine Arbeit kriegen würde, würde ich arbeiten. Aber da sind ja wohl noch'n paar andere, die keine Arbeit haben. Kann mir denken, daß die noch vor mir dran sind.
Die 320 Mark. Was mache ich damit. Für was zu rauchen, zu saufen, zu fressen. Kaufe mir schon mal 'ne Uhr oder sonst was. Wenn einer eine zu verkaufen hat. Damit ich die weiterverkaufen kann, wenn ich kein Geld mehr habe. Davon lebe ich, 320 Mark im Monat.
Trotzdem gefällt mir das Leben. Ich finde es geil, so rumzulaufen, so provozierend. Das finde ich gut. Ja, kein Bock so wie die Spießer, arbeiten und so. Und dann zu Mama nach Hause essen. Nein, das ist nix für mich.
Bei mir gibt's nicht Tag und Nacht. Manchmal geht's die ganze Nacht durch. Manchmal früh, manchmal spät. Es kommt darauf an, wieviel ich getrunken habe.
Trinken spielt für mich 'ne große Rolle. Das ist das einzige, wo man klaren Verstand bei kriegt. Finde ich auf jeden Fall. Dann siehst du alles nicht mehr so schwarz und so.
Wenn du gut drauf bist, die anderen Leute sind gut drauf, dann macht's halt mehr Bock, wenn alle gut besoffen sind. Nicht gerade

voll, brutal voll oder so. Keine Randale groß machen. Aber wenn die Leute gut besoffen sind, das finde ich gut. Nee, finde ich echt gut. Ich kann's nicht haben, wenn ich schwarz sehe, wenn einer durchhängt. Das habe ich gut zehn Jahre gehabt. Heim und so, hab ich schon gesagt. Da will ich raus. Wenn du keine andere Chance hast, trinkst du. Soviel, daß du alles im Griff hast, aber daß du von dem Scheiß nichts merkst. Das ist dann funny. Da vergißt du sogar, daß du Termine hast. Gerichtstermine. Und ich habe keinen Bock auf Knast. Ich war schon dreimal im Knast. Immer vier Wochen. Jugendarrest. Einmal wegen Fahrraddiebstahl, dann einmal gemeinsame schwere Sachbeschädigung und einmal gemeinsamer schwerer Diebstahl. Trotzdem hab ich 'ne Perspektive. Darauf lebe ich hin: auf bessere Zeiten!

Piece statt Peace wa?

Sabine

Hier schreibt HEXE

Kein Pfennig Kohle. Kotzt mich
zwar an, jeden Arsch anzuschnorren
aber dafür die totale Freiheit

Und Freiheit ist ~~die~~ überhaupt das Wichtigste. Ich verstehe die Leute nicht, daß die alle so „~~le~~leben" können!!!

Voll" festgefahren in der einzigen, eigenen Meinung, die man von klein auf eingetrichtert kriegt. Jeden Tag beim Chef schleimen, Fernseh glotzen und wenn der reingefressene Hass zu viel wird die Familie verprügeln und natürlich ~~...~~ jeden, der anders denkt (was wir mit unseren Klamotten nach außen zeigen!) – aburteilen, abstempeln.

Wir sind stolz Außenseiter zu sein. Ich bin genau das Gegenteil, was die Spießer von mir erwarten bzw. <u>verlangen</u>! Wenn die mich als Asozial abstempeln soll'n die mich so haben!

Wir sind ein Symbol, ein Spiegelbild für die Scheiße, die überall gebaut wird. Aufrüstung, das einzigste was zählt, ist Geld. Wir scheißen auf German money. Jede Gesellschaft hat die Randgruppen, die sie verdient! Wir sind keine Asoziale, sondern dazu gemacht worden!

Vor allen Dingen ist bei uns wenigstens was los, POGO, Saufen und <u>einigermaßen</u> Zusammenhalt.

Kampftrinker united!

So, das war's

Wir <u>leben</u> Hier + Jetzt. Was kommt, das kommt. Ich mache mir da drüber jedenfalls kein Kopfzerbrechen. Einfach leben, das ist alles + genügt!

Bunt, bunter, am buntesten

Hier nochmal Sabine
aus Koblenz

Wir sind Staatsfeinde —
Ⓐnarchie:
Gleiches Recht + Freiheit
für alle, was aber in der
sog. „Demokratie" nicht ge-
währleistet ist. Da kann
man noch Koppes-Kopp von
Wohl labern was er will von
Aufschwung, usw., aber
Aufschwung in die eigene Tasche!!.
Ein Haufen von verlogenen
gierigen Heuchlern, auf anderer Leute
Kosten, aber das Gesetz im Rücken

und wer das Gesetz hat, hat
die Macht! Aber wer gibt
wem das Recht, über andere
Macht auszuüben, zu
urteilen und abzu~~urteilen~~stempeln?
Wer dagegen ist, ist abgestempelt,
als Assi, Proll, Penner oder
sonstwas! Aber wir sind
stolz drauf! Wenn die uns
so haben wollen als dreckige
„brave-Bürger-Beleidiger", „Schande
für das schöne Deutschland", dann
wollen sie uns so haben.
Wir sind die Ausgeburt
derer perversen „Gedanken"!
Und was demnächst sein
wird, ist egal! Hier + jetzt,
und LEBEN!
Das war HEXE

Tagebuchnotiz – 21. 9. 1984

Dali kommt. Er hat etwa ein Dutzend ›Kollegen‹ im Schlepp. »Für einen Heiermann«, sagt er, »kannst du ein paar Bilder von mir haben. Aber unbesehen.«

Welch ein Vertrauensvorschuß!

Trotzdem rücke ich die fünf Mark heraus, bekomme die Skizzen. Wenig Comic-gewohnt, finde ich sie originell.

Dali kenne ich inzwischen ganz gut. Der könnte eine Menge aus sich machen. Ideen, Begabung sind da. Aber ehe der sich aufrafft, ist die Jahreszeit vorbei, die er malen wollte. Schade. Weil ich ihn mag.

Dali 1985, Dali 1986…

So schiebt er seine eigenen Hoffnungen vor sich her. Eigentlich eine glückliche Position, wenn das einer so kann.

Allerdings, knetemäßig tut sich da entsprechend auch nichts. Wie z. B. ein Bild auf den Platten vor dem Dom.

Nicht mal 200 Eier Tagesminimum bringen ihn an die Kreide. Und das bei 328 Mark monatlicher Sozi-Kohle.

getreten
von Ordnung und Staat
erschlagen
von Hass und Gewalt
verachtet
wie die Ratten
und
hungern und frieren
beinahe krepieren
aber immer noch
glücklich und frei

DALI

Ich bin der Dali.

Was noch?
Mit den Punks zusammen seit vorigen Sommer.

Erzähl was, irgendwas.
Ich habe noch vier Geschwister.

Jünger, älter?
Älter, alle älter als ich. Und noch mit denen fing alles an. Früher, zu Haus, als ich so sieben oder acht war. Da fing das so langsam an, daß mein Vater und meine Mutter sich stritten. Meist um Geld und so. Ziemlich viel Streß. Dann ist mein Vater irgendwann ausgezogen. Sofort war das Geld ziemlich knapp. Da mußte ich zu meinem Vater ziehen.

Du sagst, mußte?
Ja, mußte ich, vom Gericht aus.

Du wärst lieber zu deiner Mutter gezogen?
Ja, klar. Statt mit dem zu seiner neuen Freundin. Die haben sich dann auch immer gestritten. Dann bin ich von meinem Vater weggezogen und dann wieder dahin.

Wo waren deine Geschwister?
Meine Schwester ist mit 13 oder 14, der eine Bruder ist drei Jahre jünger, beide sind damals gleichzeitig ins Heim gekommen. Mein ältester Bruder ging schon arbeiten, auch schon zu der Zeit, als meine Eltern sich gestritten haben. Da war alles ziemlich chaotisch und echt ätzend. Dann kam die Scheidung. Ich mußte zu meinem Vater ziehen. Hinterher hat mein Vater seine Freundin geheiratet, und dann mußte ich auch dahin ziehen.

Wie lief das schulisch bei dir ab?
Seit dem zweiten Schuljahr hatte ich eigentlich nie richtig Bock. Da fing ich an zu schwänzen. Die Schule fand ich immer total blöd, langweilig. Mathe habe ich eigentlich immer ganz schnell kapiert, sonst habe ich mich in der Schule gelangweilt. Deshalb habe ich wohl auch so eine Scheiße gebaut und dementsprechende Noten gekriegt. Ich habe Quatsch gemacht und Clown gespielt. Schließlich bin ich von der Schule geflogen, das war auf der Hauptschule im achten Schuljahr.

Du bist nicht kleben geblieben zwischendurch?
Doch ja. Dann bin ich auf eine andere Schule gekommen. Die war aber auch blöd. Die war noch blöder als die andere. Da wäre ich auch sitzengeblieben. Doch da gab's einen Paragraphen, daß man nicht zweimal in derselben Klasse sitzenbleiben kann. Dann bin ich halt weitergekommen. Dann bin ich auch da runtergeflogen. Dann auf die Berufsschule. Anschließend habe ich mich beworben. Das hat der Lehrer für mich geschafft. Ich mußte mich bewerben als Hüttenfacharbeiter. Das ist Stahlbau und so. Da hatte ich von vornherein keine Lust zu.

Was hast du statt dessen gemacht?
Mich als Maler beworben. Wurde auch genommen. Aber das war zu blöd. Da habe ich nach einer Woche wieder aufgehört.

Warum war das blöd?
Weil der mich voll angemacht hat der Typ. Ich habe einen Eimer Wasser umgeschmissen aus Versehen, da meinte der, wenn dir das noch mal passiert, kannst du direkt nach Hause gehen. Da bin ich eben direkt gegangen. Danach wieder Berufsschule, glaube ich. Und dann habe ich mich beworben, das war ein Sonderprogramm von der

Stadt, so überbetriebliche Ausbildung, als Bau- und Kunstschlosser. Da war ich dreiviertel Jahr, und das war recht gut.

Da hast du noch bei deinem Vater gewohnt?
Die ganze Zeit.

Wie ging's weiter?
Nach einem Jahr sollte man dann in einen normalen Handwerksbetrieb kommen, vorher aber dort eine Praktikumszeit ablegen von drei Monaten. Da hatte ich einen Chef, der war ein totaler Faschist. Der hat mich kritisiert, wie ich aussehe. Da lief ich noch als halber Öko rum. Mit langen Haaren, Halstuch und so. Da bin ich dann auch nicht mehr hingegangen. Obwohl der Beruf in der überbetrieblichen Ausbildung recht gut war. Ziemlich locker, und es hat auch Spaß gemacht.
Geschmiedet haben wir da, geschweißt und lauter so Sachen gemacht. Zum Schluß war ich zwei Monate bei der Deutschen Bundesbahn. Da habe ich das Klo bekritzelt, über die Ausbilder gemotzt. Das kam dann raus, und ich bin geflogen.

Hast du es danach noch mal mit Arbeit versucht?
Vor zwei Jahren, im Sommer, einen Monat lang. Das war das letzte Mal. Als Gartenarbeiter. Aber nur für den Urlaub. Seitdem hing ich eigentlich rum, auch bei meinem Vater. Mit 18 bin ich dann rausgeflogen, zu einem Freund gezogen und dann wieder zu meiner Mutter. Seit vorigem Jahr kenne ich die Punks. Ich bin malen gegangen auf der Straße.

Beim Malen hat mich der Bomber angelabert. Also bin ich in die Marienstraße gezogen bis vorigen Sommer. Da kam ich aus Italien wieder, da war die ganze Marienstraße abgerissen. Seitdem wohne ich wieder bei meiner Mutter.

Hattest du Klamotten in der Marienstraße, während du in Italien warst?
Ja, fast meine ganzen Klamotten. Das ist alles weg.

Hast du dich bemüht, versucht, was wiederzukriegen?
Klar. Ich war bei Ämtern und bei den Bullen. Die meinten, ich müßte zur Bezirksstelle gehen. Aber die hatten nur einen Ofen da, einen Tisch und sowas. Aber Kleider, meine Malpapiere, meine Stifte und all die Sachen waren weg. Kleine Sachen, auch eine Uhr, das war alles weg. Das haben sie wohl alles mit abgerissen.

Du hast nichts ersetzt gekriegt?
Nein, nichts.

Deine Straßenmalerei, wie lief die?
In Köln habe ich gemalt, das war nicht so besonders gut. In Köln, da ist der Gert, der hat seine festen Plätze, und da sind noch viele andere Straßenmaler, so sechs oder sieben. Die Leute kennen deshalb die Malerei viel zu gut und lassen nicht mehr soviel springen. Und als Anfänger kriegst du keine guten Plätze.
Also bin ich nach Italien gefahren mit Clown und Sigi. 10 Mark hatte ich in der Tasche. Die meinten, ob ich mit nach Italien fahre. Da habe ich gesagt, ja. Ich habe meine Malklamotten mitgenommen, und vom Malen habe ich dann gelebt. Ich war anderthalb Monate in Italien und habe da ungefähr für den Urlaub 2000 Mark gehabt mit Straßenmalen. Das lief total gut. Das werde ich jetzt auch wieder machen. Wenn es etwas wärmer wird, fahre ich in die Kleinstädte wie Wuppertal, Siegburg. Für den Urlaub werde ich mir was zusammenarbeiten.

Was für Motive malst du denn?
Motive male ich die, worauf die Leute abfahren. Das sind Heiligenbilder, Madonnen, Beethoven oder halt Maler. Normale Bilder, die jeder kennt, so Spießerbilder. Wenn ich meine Bilder malen würde, da würde keiner drauf abfahren, glaube ich. Also ich habe das schon mal gemacht, was Außergewöhnliches.

Was war das?

Das war einmal ein ganz tolles Bild. Das waren Sternzeichen. Ich habe den Wassermann gemalt, ganz tolle Farben, schön bunt. Da habe ich 10 Mark verdient. Ein anderes Mal ein Gesicht, ein schreiendes Gesicht. Das hat die Leute wohl zu schockiert. Da habe ich 4 Mark oder sowas verdient. Dann das Bild mit dem Donald Duck. Da habe ich nichts gekriegt. Wohl wegen der Bombe. Dann habe ich das gelassen.

Und bei der Madonna?
Die Madonnen habe ich mehr in Italien gemalt. In Kleinstädten habe ich so 400 Mark am Tag damit verdient. Aber in Großstädten wie Rom, Florenz, da waren auch nur Touristen, und die kannten das schon. Da habe ich nicht soviel verdient. Vielleicht 50 Mark am Tag.

Was geht denn am besten, welches Motiv?
Ich habe in Italien fast nur Madonnen gemalt.

Und hier? Was geht hier am besten?
Was male ich denn hier? Ich habe den Goethe gemalt, der lief ganz gut, und andere Dichter, die brachten nicht ganz so viel. Ach ja, dann hab ich mir mal 'nen Scherz erlaubt. Hab die Maria mit Jesukind gemalt. Lief gut. Weil die Leute nicht genau hingesehen haben, denn der Jesus hatte auch eine kleine Bombe in der Hand.

Gibt es einen Konkurrenzkampf unter Pflastermalern, oder kann da jeder machen, wie er will?
Als ich zum ersten Mal gemalt habe, das war am Wallraffplatz, da kam der Gert an. Der meinte, ich müßte hier weg. Der wollte mich vertreiben. Ich hatte noch keinen Plan davon, wie das abläuft. Einfach so, das ist nicht. Denn wenn zwei Straßenmaler ziemlich nah zusammen sind, ist das für einen selber Scheiße. Man verdient nicht mehr soviel. Deshalb suche ich mir Plätze, wo nicht soviel los ist. Konkurrenz? Klar. Aber inzwischen kenne ich ein paar Straßenmaler sehr gut. Mit denen labere ich sogar.

Malst du für dich eigene Bilder und verwahrst die, oder gibt's da keine?
Das ist so 'ne Sache. Ich wohne z.Z. ja noch bei meiner Mutter. Da habe ich irgendwie keinen Drang, da fühle ich mich im Moment ziemlich beschissen, zu beengt, weil meine Geschwister auch noch da wohnen. Da male ich eigentlich ziemlich wenig. Denn wenn es eng ist, ist es bei mir auch eng im Kopf.
Ich kümmere mich im Moment um eine Wohnung. Ich brauche zwei Zimmer. Eins zum Wohnen und eins als Atelier. Dann möchte ich eigentlich schon gerne malen. Im Moment kann ich mich nicht aufraffen dazu. Ich schaffe das echt nicht.

Wie ist das sonst mit dir? Erzähl mal was zum Stichwort Drogen.
Zigaretten, das war schon früh. Das war so mit 7 oder 8 Jahren, da habe ich schon geraucht. Mit 10 oder 11 habe ich das zwei Jahre aufgehört, und seitdem rauch ich wieder. Ich rauche insgesamt also schon 10 Jahre. Eine ziemlich lange Zeit.
Ja, und trinken. Früher mochte ich absolut kein Bier. Ich habe das nicht verstanden, daß die Leute das trinken konnten. Bis vor einem Jahr, da habe ich das angefangen. Hält sich aber in Grenzen.

Dope habe ich auch erst mit 11 oder 12 geraucht. Das war beim Zelten mit den Leuten. Da fing das an, aber das war wenig ausschlaggebend.
Kiffen. Vor drei Jahren habe ich damit angefangen. Da war ich noch mit Hippies zusammen. Aber in letzter Zeit nicht mehr, weil ich zu sentimental bin. Wenn ich was rauche, glaube ich, daß mein Gefühl total ausrastet. Dann sehe ich nur die Scheiße. Das fackt mich total ab.
Sonstige Drogen? Eigentlich nicht. Ich hab' schon mal 'nen Trip geschmissen. Teilweise war das lustig, und teilweise war das auch wieder ganz schön deprimierend.
Doch. Ich habe auch schon mal gekokst. Einmal. Aber da habe ich eigentlich nichts von gemerkt. Und will ich auch nicht, weil man davon abhängig wird. Immer tiefer rutscht. Außerdem ist das viel zu teuer. Sonstige Drogen eigentlich nicht. Bier halt.

Wovon bist du so nervös?
Ich weiß nicht. Ich bin ziemlich unruhig. In der Marienstraße ist es mir aufgefallen, daß ich ziemlich viele Hemmungen und Ängste hatte. Ich weiß nicht, wie ich die abbauen kann.

Kann man untereinander darüber reden?
Eigentlich weniger. Die meisten sind mir nicht vertraut genug. Jetzt mit Smitty, mit dem verstehe ich mich sehr gut. Mit dem kann man auch Spaß machen. Mit dem kann man auch gute Sachen machen. Reden drüber. Aber sonst, ich weiß nicht, sind mir die anderen zu fremd

Dein Ziel, wo geht das hin?
Mein Ziel. Ich möchte malen. Erst eine Wohnung haben und eigentlich viel auf Achse sein. Viel rumreisen. Weil ich weiß, wenn man immer beweglich ist, dann kann man viel lernen. Man sieht viel. Für die Lebenserfahrung finde ich das gut. Mal was Neues sehen, andere Leute, andere Gesichter, ganz andere Sachen machen.

Kennst du was von dem Dali, Bilder? Ich frag' das, weil du dich so nennst.
Nee. Ich habe nur ein paar Bilder von dem gesehen. Den Namen haben der Bomber und die Figen mir gegeben. Da habe ich irgendwas

an die Wand gemalt. Da meinten die, wie wollen wir dich nennen. Und die Figen sagte, Dali. Seitdem heiße ich Dali für die Leute. Obwohl ich den gar nicht so toll finde, den Typ.

Du schreibst unter deine Bilder z. Z. Dali 87. Warum?
Weil ich erst 1987 so gut sein werde wie der richtige Dali.

Und danach?
Bin ich besser. Dann schreibe ich meinen richtigen Namen.

Hättest du Lust, jetzt mit mir ins Museum zu gehen?
Ins Museum?

Da hängen ein paar Dalis. Die könnten wir uns ansehen und dann mal über den reden.
Das würde mich schon interessieren. Aber so lassen die mich da doch nicht rein. Die Wärter da in Uniform…

Probieren wir's mal. Wär' ne Premiere. Du als erster Punk im Museum.
Das stimmt bestimmt nicht. Da waren schon viele Punks drin.

Woher weißt du das?
Man braucht ja nicht unbedingt wie ein Punk auszusehen, um Punk zu sein, finde ich. Genauso finde ich, daß nicht alle Punks Punks sind, die als Punks rumlaufen. Es haben auch viele Punks noch Spießeransichten drauf. Ich habe das mal erlebt. Da kam einer und meinte, ich möchte gerne ein Punk werden, wie mache ich das. Die Punks haben den total abgefuckt. Die haben gesagt, hau ab, du Scheißer und so. Das fand ich blöd. Das ist doch genau dasselbe, wie die anderen auf uns reagieren: Weil ich dich nicht kenne, geh lieber weg. Das finde ich bescheuert.

Was ist für dich Punk-Sein?
Punk ist, wenn man seine Gefühle ausleben kann, ohne von den anderen ausgelacht zu werden. Aber auch, wenn man sie auslebt, obwohl die anderen lachen. Z.B. hören die meisten Punks nur Punkmusik. Wenn man was anderes hört, sagen die, so 'ne Scheiße, oder, was bist du für einer.
Ich kenne ein paar klassische Stücke. Die finde ich gut. Ich finde eigentlich ziemlich viele Sachen gut. Pink Floyd oder sowas. Aber

Punk finde ich auch gut. Ich möchte gerne das hören, was mir echt gefällt. Das kann jede Art Musik sein. Aber die meisten hören nur Punk und sonst nichts, und nicht, weil es ihnen so gefällt. Sondern weil das so sein muß. Muß! Dabei wollen wir eigentlich jeden Zwang ablehnen. Also ist mir das irgendwie zu oberflächlich, nur Punkmusik.

Und nur Punk, ist das dann allein nicht auch zu oberflächlich?
Punk ist ja nicht ein einziger Gedanke und dann Schluß. Punk ist eine Weltanschauung wie jede andere auch. Gut, schlecht, einseitig, vielseitig. Was jeder daraus macht. Da gibt es gute und schlechte. Wie bei Katholiken oder Politikern oder was sonst.

Punk ist also nichts Neues?
Doch. Nur ein Stück mehr als andere. Radikaler. Und wenn es nur das Äußere ist. Ein grüner Minister in Turnschuhen steht in der Zeitung. Was ist da schon bei. Das ist nicht mutig. Aber geh mal Spießrutenlaufen als Punk. Kämm dir mal die Haare hoch und spray sie bunt. Nur zum Spaß. Das hältst du keine Stunde durch. Wetten?

Wir haben eben davon gequatscht, daß du Dali 87 schreibst, das hat seinen Grund, du sagtest es. Andere Perspektiven für dich für 1987 und mehr, gibt es die?
Darüber habe ich mir eigentlich noch keine Gedanken gemacht. Aber ich hoffe, und eigentlich glaube ich das auch, daß ich irgendwann einmal berühmt werde durch Malen. Ehrlich gesagt, würde mich echt freuen. Ich habe Bock, mal im Luxus zu leben. Gut Geld haben, rumschmeißen damit. Muß ich ehrlich sagen. Man motzt über die Bonzen. Aber ich kann mir vorstellen, wenn ich Geld hätte, würde ich auch, wenn mich einer anschnorrt, gut was Geld geben. Dann könnte ich gute Sachen machen, rumreisen und so. Das mache ich unheimlich gerne. Alles mögliche halt. Gute Sachen machen mit Geld. Obwohl ich finde, es gibt zweierlei Dinge: Man kann auch mit wenig Geld zufrieden sein. Da sind Leute, mit denen bin ich voriges Jahr rumgefahren. Da haben wir zu dritt in einem Auto gelebt. Da haben wir vom Schrottsammeln gelebt. Haben Edelmetalle gesucht in Containern. Aluminium, Kupfer. Damit haben wir so 100 Mark am Tag gemacht. Bis Spanien waren wir. Billig gelebt. Total gutes Leben war das.

Nun bist du jung. Geht das auch, wenn du alt bist? Vierzig, fünfzig, sechzig?
Da war mal so'n Philosoph in der Tonne. Der war, glaube ich, auch alt. Der hat bestimmt, als er jung war, auch nicht so toll daran gedacht, was er mal macht, wenn er alt ist. Denn dann wäre er ein Spießer gewesen, schon in jungen Jahren, und nicht Philosoph.

Was heißt das für dich?
Das heißt: Wenn ich heute denke, was ich mit sechzig mache, dann bin ich Spießer und nicht Punk.

Hobsio Itte

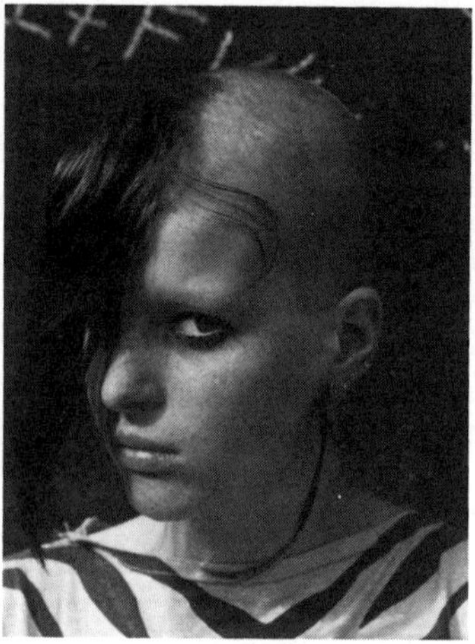

No I won't believe that this is all
I'm not happy I'm not free
paycheck to payweek, living for what?
every night I get drunk, to get sunk.
NO MORE

Donny
Rotten

Gabi, Marion und Petra

Tagebuchnotiz – 23. 9. 1985

Ich haste über die Domplatte. Richtung Hauptpost. In 7 Minuten macht die dicht. Dann heißt das Umweg zum Hauptbahnhof. »He, he, he«, ruft da einer, ich drehe mich um, lache.
Mitten in einem ca. 1 m hohen städtischen Blumenkübel – umbrandet von vorabendlichen Menschenmassen – hockt der ›Bomber‹ in ›Fleißigen Lieschen‹ unter riesigen Palmenwedeln.
Er raucht Gauloise Filter, hat die Haare neu eingefärbt, trägt eine Tarnhose der britischen Armee und deutsche Springerstiefel dazu. Er ist gut drauf und fragt nach 1 DM 35.
»Wozu?« frage ich, weil der Betrag so ungewohnt exakt ist und die Frage nicht heißt: »Haste mal eben nen bißchen Kleingeld?«
»Kino«, grinst er. »Rambo II.« Die Mark 35 sind also die reinste Ausbildungsbeihilfe. Auch der ›Bomber‹ kann wohl noch was lernen.
Er grinst gesund in den Rest Sonne und verliert das Interesse an mir. Zwei mir unbekannte Punkerinnen kommen von der Kaufhalle. »War nix«, sagen sie, »wir hatten zu wenig Geduld.« Drei Dosen – nicht einmal Tuborg –, das war's. Immerhin kriegt der Bomber eine ab. »Und wie ist das mit der Mark 35?« bin ich jetzt wieder gefragt.
Ich habe Münzen lose in der Tasche, halte 1 Mark 50 auf der Handfläche. »Kannst du 15 Pf. rausgeben?« frage ich.
Er nimmt die Mark 50, schüttelt den Kopf, trinkt und meint: »Kriegst du beim nächsten Treff wieder, o.k.?«
Wie der Bomber jemanden zwei Veilchen, also blaue Augen, verspricht und das Versprechen hält, bekomme ich die 15 Pfennig. Garantiert.
Irgendwann bedarf der Begriff ›Ehre‹ sicher mal einer neuen Definition.

KOPPI

Ich bin der Koppi und 21 Jahre alt. Richtig heiße ich Boris, und Koppi ist so üblich. Aus meinem Nachnamen ergibt sich das so.
Ich habe normale Grundschule gemacht, Gymnasium bis zum 10. Schuljahr. Allerdings habe ich mit 15 angefangen zu trinken und andere Sachen zu mir zu nehmen.
Das haben dann wohl diverse Lehrer gemerkt und dann wurde mir nahegelegt, mich diskret aus der Schule zu entfernen. Meine Mutter war auch ziemlich konservativ. Ich kam regelmäßig abends, ich sollte um 22 Uhr zu Hause sein, stunk besoffen nach Mitternacht.
Dann bin ich dann erst mal abgehauen. Ich hab gesagt, ich haue ab. Alles im guten Einverständnis mit meiner Mutter. Allerdings bin ich dann in den Knast gekommen wegen so 'ner Sache. Ehrlich gesagt, wegen Raub. Da war ich betrunken und so. Naja.
Als ich rauskam, konnte ich eine Zeitlang bei meiner Mutter wohnen, bis ich eine eigene Wohnung gefunden habe. Da habe ich in einer Brotfabrik gearbeitet. Von dem Raub wußten die nichts, sonst war ich ja sofort weg.
Dann habe ich keinen Bock mehr gehabt, habe so lange krank gefeiert, bis die gekündigt haben. Seitdem habe ich mich nicht mehr um eine Stelle gekümmert.

Allerdings habe ich zwei Jahre lang eine Lehrstelle gesucht, aber nie eine bekommen. Wegen meiner Vorstrafen hauptsächlich, weniger wegen der schlechten Noten auf dem Zeugnis. Dann habe ich das angefangen. War absolut sinnlos.
Jetzt bin ich in der Punkszene drin. Seitdem ist nichts mehr. Ich steh nur auf Suff.
Da komme ich auch nicht raus.
Irgendwann geh ich sicher dabei mal drauf.
Früher oder später. –
Was soll's.
Wahrscheinlich früher.
Hab ich so im Gefühl.

Punks und ›Fans‹

DER MENSCH

Ich bin der Manfred. Mein richtiger Name ist ›Der Mensch‹. Ich bin 18 und wohne z.Z. in Bonn. Ich bin normal in Leverkusen aufgewachsen. Bin ziemlich viel umgezogen, jetzt bin ich in Bonn gelandet.

Wie ist das mit deinen Eltern?
Meinen Daddy habe ich das letztemal gesehen, da war ich 12. Richtig, da habe ich den das letztemal gesehen.

Wie kam das?
Der mußte eine Nachzahlung für mich machen. Der mußte zu einer Gerichtsverhandlung deswegen. Da haben wir uns wiedergesehen.

Wie ist das bis dahin bei dir gelaufen?
Alle möglichen Stiefväter habe ich gehabt. Alles Drecksäcke und sonstiger Scheiß.

Erzähl was davon.
Nee. Ich hab immer einen Haß gegen die gehabt. Die gefielen mir alle nicht. Mit meinem letzten Stiefvater haben wir dann die größten Probleme gehabt. Bis heute. Er tut immer freundlich. Letztens hat er mir noch 50 Mark geklaut. Wenn ich ihn erwische, bekommt er ein paar aufs Maul.

Wie kam es denn zu der Nachzahlung? Um was ging es da?
Meine Mutter bekam vom Sozialamt Geld, und mein Daddy, der richtige, sollte an das Sozi zahlen. Aber der hat sich ständig geweigert und nicht bezahlt. Da hat das Sozi den Aufstand gemacht, daß es zur Gerichtsverhandlung kam.

Mit deiner Mutter…?
Mit meiner Mutter verstehe ich mich super. Sie ist die beste Frau überhaupt. Da kann ich nichts gegen sagen, auch heute nicht. Zwar geht sie mir zwischendurch auf den Sack. Dann verziehe ich mich halt mal ein paar Wochen. Aber dann gehe ich wieder nach Hause, und die Freude ist groß.

Du hast gesagt, du hast deinen Vater bei Gericht gesehen. Hast du selbst schon mal Sachen gehabt, wo du…?
Ach, massenhaft. Mit ihm hier zusammen.

Was zum Beispiel hast du mit ihm gemacht?
Seit ich in Bonn bin, habe ich alles mögliche laufen. Ich hatte noch nie Vorstrafen. Dann kam ich nach Bonn. Wo wir hinkamen, ging es ganz gut ab so mit Feten, viel Saufen, viel Kiffen und sonstiges.
Da kamen wir dann immer auf unsinnige Ideen. Wir sind Autos knacken gegangen und sonstiges. Da hat uns einer verpfiffen. Jetzt habe ich so Sachen am Laufen, Auto knacken und so. Das stimmt zwar so nicht, ich habe nur ein einziges Auto aufgemacht, der Rest waren andere. Aber die haben mir 60 Autos angehangen.
Der Typ, der uns verpfiffen hat, den haben wir dann besucht. Jetzt haben wir noch einen bewaffneten Überfall mit Nötigung auf dem Konto, eine Art Entführung und schwere Körperverletzung. Ich hab dann noch so ein paar lächerliche Anzeigen wie unerlaubtes Abspielen eines Tonbandgerätes in der Öffentlichkeit. Oder Beamtenbeleidigung. Nur weil ich den Kassettenrecorder mit hatte und Musik unterwegs hörte.
Oder gestern. Gestern saß ich da, war zwar ein bißchen besoffen, aber ich saß echt harmlos da. Da kamen die Bullen. Ausweiskontrolle. Da haben sie mich mitgenommen. Aber ich weiß von nichts.

Hattest du einen Ausweis?
Na klar hatte ich einen Ausweis. Da meinten die: Sie müssen wir sprechen. Sie müssen mitkommen. Gegen Sie liegt wahrscheinlich eine Strafsache vor.
Ich war direkt am Überlegen, was ich jetzt wieder gemacht haben könnte. Seit sie mich die letzten paar Mal erwischt hatten, habe ich so eigentlich keine Straftat mehr gemacht. Ich war mir keiner Schuld bewußt. Sie haben irgendwie nur einen Grund gesucht. Nachher haben sie mir auf der Wache erzählt, ihnen gefiele nur meine dumme Fresse nicht. Dafür brauchte ich einen Waffenschein und so. Die wollten mich nur fertigmachen.

Hast du was dagegen, wenn ich das nachprüfe?
Klar nich, ist mir doch scheißegal.

Siehe Seiten 43 – 46

Oben: Bomber nach dem Abriß des Hauses Marienstraße

Unten: Punkerinnen beim Umzug

Tagebuchnotiz – 26. 9. 1984

Ich treffe Siggi am Heinzelmännchen-Brunnen. Vor Früh* lärmt ein Kegelclub um die Wette mit Fußballfans. Die Tische sind überladen mit Biergläsern. Ein Teil der gemischten Gesellschaft lallt, schwankt. Siggi hat seine Fotoapparate und eine Fototasche dabei. Da wir noch früh dran sind, zeigt er mir eine Mappe mit postkartengroßen Buntfotos von Punks. Die Bilder sind super.
»Selten tauchen Punks vor 15 Uhr auf«, sagt Siggi. »Weil die erst morgens ins Bett gehen. Meistens.«
Wir schlendern zur Domplatte. Am Museum stehen zwei Polizisten mit Motorrädern. Ein gewohnter Anblick, für mich ohne Bedeutung. Hinter dem Kiosk am Dombrunnen treffen wir auf fünf Punks. Wir stellen uns dazu. Zwei Gesichter kenne ich von den Bildern. Die Haarfarben stimmen nicht mehr. Sonst erkenne ich sie sofort.
Sie reden von einem ›Ding‹ im U-Bahn-Schacht am Neumarkt in der letzten Nacht. Ich erfahre, daß ›Hucky‹ einen ›Hammer‹ hat. »Hattest du auch schon mal 'n Veilchen?« fragt mich der mit den blau verfärbten Augen und der Schürfwunde auf der Wange. Als ich verneine, bin ich eine Weile Luft.
Plötzlich verstecken die fünf ihre Bierdosen unter Jacken und Mänteln. Ich gucke Siggi an. Der nickt in Richtung Dom-Hotel, eine Luxusabsteige. Die beiden Polizisten mit ihren Motorrädern kommen herangefahren. Ich kapiere nicht. Siggi: »Öffentlich Bier trinken ist verboten!«
Die nüchternen Punks mit ihren Bierdosen hatten mich nicht gestört. Vor den Kegelclubleuten in Anzügen und Krawatten und Kostümen dagegen hatte ich mich geekelt.
Den offensichtlichen Unterschied kapiere ich nicht.

* Früh – traditionsreiches urkölsches Brauhaus

PS: Mir kommt erst jetzt die Idee: Was wäre passiert, wenn ich aus der Dose Bier auf der Domplatte getrunken hätte?
Wo ich doch nicht nur in Punkeraugen wie ein ›Spießer‹ aussehe!

FRANK

Nur meine Kehrseite – kein Fahndungsfoto!

Ich bin am 26. 12. 1965 in Köln geboren. Die Kindheit habe ich so 15 Jahre lang in Köln-Kalk verbracht. Dann sind wir umgezogen nach Königswinter. Da bin ich fünf Jahre in die Hauptschule gegangen. Einmal hängengeblieben. Dann kam die Scheidung meiner Eltern, und ich bin zuerst zu meiner Mutter gezogen.
Bei der Scheidung war ich 17. Zuerst ging das bei meiner Mutter ganz gut. Dann hatte ich keinen Bock mehr, und ich bin zu meinem Vater gezogen. Mein Bruder war schon von vornherein bei meinem Vater. Dann habe ich auch keinen Bock mehr drauf gehabt, also bin ich wieder zu meiner Mutter gezogen. Schließlich hatte ich keinen Bock mehr auf beide, da bin ich nach Köln gekommen.
In Köln kam ich irgendwie hier drauf, auf die Punks.
Dann haben sie mich irgendwann eingefangen für 2 Monate, U-Haft usw., endete mit Freispruch. Deswegen steh ich hier.

Laß uns mal zurückgehen. Gab es eine Kindergartenzeit bei dir, eine Vorschulzeit?
Nee. Die wollten mich in den Kindergarten stecken, aber da war ich noch zu klein. Ein Jahr später kam meine Mutter wieder hin, da war ich zu groß. Dann kam Grundschule, klar. Grundschule normal, vier Jahre.

Und dann?
Hauptschule. Bin im Siebten sitzengeblieben. Dann sind wir umgezogen, und dann habe ich in Oberpleis die Siebte noch mal gemacht.

Wie kamst du mit deinen Lehrern zurecht?
Wie kommt man mit Lehrern zurecht? Man verarscht sie. Was dann sonst. War ganz lustig die Schulzeit.

Dann bist du mit 17 raus. Wie ging es weiter?
Ich habe irgendwann eine Lehre angefangen. Die erste Lehre war als Koch in Bad Honnef. Die hat 8 Monate gedauert. Dann haben sie mir, so irgendeiner vom Betrieb, Geld in die Tasche gesteckt. Die hatten anscheinend keinen Bock auf mich. Dann meinten sie, aha, Diebstahl und so. Dann bin ich entlassen worden. Zwei Wochen später habe ich als Metzger angefangen. Das hat 1 1/2 Jahre gedauert. Dann haben wir im gegenseitigen Einverständnis aufgehört damit.

Aus welchem Grund?
Im gegenseitigen Einverständnis. Er kam mit mir nicht zurecht und ich nicht mit ihm.

Noch mal. Aus welchem Grund?
Ach, Unpünktlichkeit, mein Gott. Es lag zum größten Teil an mir. Klar. Kein Bock auf arbeiten. Hat man mir anscheinend zu sehr angesehen.

Diese zwei Monate, die du da hattest, dann der Freispruch. War das die Sache mit dem Geld bei den Köchen?
Nee, das war gemeinschaftliche räuberische Erpressung. Mehr sage ich dazu nicht.

Was gab es denn noch in der Richtung?
In der Richtung weniger. Aber Autodiebstahl, Ladendiebstahl und so. So'n Kleinkram. Da gab's dafür um so mehr.

Hast du gesessen? Zusätzlich zu der U-Haft?
Nur die zwei Monate U-Haft. Dann kam der Freispruch.

Jugendarrest oder sowas nicht?
Nee.

Und die Diebstähle, da hast du noch was offen, schätze ich. Warum machst du das überhaupt?
Wenn man ein bißchen breit ist, was weiß ich, was man da grad ist, man braucht ein Auto.

Ja, und dann?
Dann steht da ein leerer Schlitten, ist zufällig offen, dann gibt es so ein paar Kabel, dann fährst du halt los.

Einfach so.
Klar. Kostet doch nur die paar Liter Sprit. Und ein bißchen Köpfchen. Wenn der Sprit weg ist, kommt die Kiste ja nicht zufällig da an, wo man abgefahren ist. Muß der Besitzer eben nen bißchen suchen. Die Bullen helfen dabei. Ist schließlich sinnvoller, als uns auf den Keks zu gehen.

Das ist Ansichtssache...
Außerdem gesund, mal wieder zu Fuß zu gehen. Die ich beklaut hab,

haben Dankesbriefe geschrieben. Die Natur, die Gesundheit neu entdeckt. Krieg ich bald en Orden für, paß auf.

Und mir kommen die Tränen... Wie ist das denn jetzt heute? Jetzt siehst du aus wie ein Punk, lebst wie ein Punk. Punker haben mir die andern gesagt, hat was mit Freisein zu tun. Wie ist deine Einstellung?
Das ist genau das, was ich will. Genau das, nur das.

Mußt du mir nur noch erst deine Knastadresse schicken, wenn du so weitermachst.
Na klar. Wenn ich darauf Bock habe, nehme ich die nächste Kutsche mit, klar doch. Ich habe vor vier Wochen die letzte Anzeige deswegen gekriegt.

Du nennst dich Punk. Wie die anderen. Die meisten wollen was ändern. Was besser machen, als es ist. Für mich bist du eher kriminell. Was hat das noch mit Punk zu tun?
Meine Einstellung ist: Punk heißt, ich mache das, was ich will, und da kommt auch schon mal was Kriminelles vor. Da habe ich denn auch Bock drauf.

Und wie finden die anderen das?
Das interessiert mich nicht.

Interessiert dich denn, wie die anderen dich finden?
Hab ich die noch nie gefragt. Kann ich ja mal machen.

Hört mal!
Die Story vom Frank,
wie findet ihr die?
Was meint ihr?
Hat Kriminell was mit
Punk zu tun?

So ’ne Schote kann schon mal dabeisein. Kann passieren.

Grundsätzlich ist das Scheiße. Wir woll’n den Scheiß doch grade abschaffen. Der Lamsdorff und Flick und wie die Schlipse alle heißen, diese Weißer-gehtsnicht-Bescheißer, gerade gegen die haben wir doch was. Deswegen halten wir uns da raus.

Gegen ein harmloses herrenloses Fahrrad hat natürlich keiner was. Dafür gibt's immer Käufer.

Ganz wichtig, ein damenloses bringt sogar 'nen Zehner mehr.

Und was ist mit Frank, wie steht ihr zu dem?

Das muß er mit sich abmachen. Solange wir da nicht drinhängen, kann er machen, was er will. Sitzen muß er auch allein. Da gehen wir ja auch nicht mit.

Was sagst du nun?
Das ist nix Neues. Wirft mich nicht um.

Gibt es keinen, den das umwirft? Zu dem du ein Verhältnis hast?
Ich habe ein gutes Verhältnis zu meiner Mutter. Ich rufe sie ein paar Mal in der Woche an. Und das ist es dann auch schon.

Wie kommst du durch?
Vor zwei Tagen habe ich eine Nachzahlung vom Sozialamt gekriegt. 1200 Mark. Bis morgen reicht das noch.

Und dann?
Mal sehen.

Schnorren?
Na klar. Schnorren.

Ist Schnorren etwas Ehrabschneidendes, oder etwas, das in Ordnung ist?
Am Anfang war das natürlich Schittkram. 'nen Buckel wie früher machen, das war nicht leicht. Wenn dir einer 'nen Groschen rüberschiebt, ist das o.k. Aber wenn du nichts kriegst, hast du ganz schön Wut im leeren Bauch.

Wer schiebt denn das meiste rüber?
Schüler. Omas, Arme. Die auch nichts haben. Bonzen brauchst du nicht fragen, da kriegste vom Fahrer was aufs Auge.

Könntest du doch anbieten, das Auto zu waschen?
Die Autos von denen? Lassen die dich nicht anfassen. Nicht mal ansehen.

Wo wohnst du?
Ich wohne in Bonn. In einem besetzten Haus. Gehört der Stadt. Ich habe da ein Zimmer seit drei Wochen. Aber ich habe schon die dritte Kündigung gekriegt.

Wegen?
Ich hätte meinen dauernden Besuch nicht zur Einhaltung der Hausordnung angehalten. Ich glaub, der singt schon mal nach zehn Uhr abends.

Karin

Antje (rechts) und Perdita

Hat sich denn einer beschwert?
Natürlich keiner. Weiß auch nicht, wo die das herhaben und was das soll.

Wie geht's weiter?
So lange ich nicht mit Zwang ausziehen muß, bleibe ich da. Und Zwang heißt, in ein Zimmer mit Fenster und Gitter davor. Das wär das schlimmste. Muß mal sehen. Vielleicht gehn ein paar Sachen auch anders als bisher. – Das wär's!

Tagebuchnotiz – 9. 10. 1985

Einige hundert dieser und ähnlicher Aufkleber wirbeln in Wind und Regen im Hafen von Leeuwarden am Ijsselmeer in Nordholland.

Zimmer im besetzten Haus

FIGEN

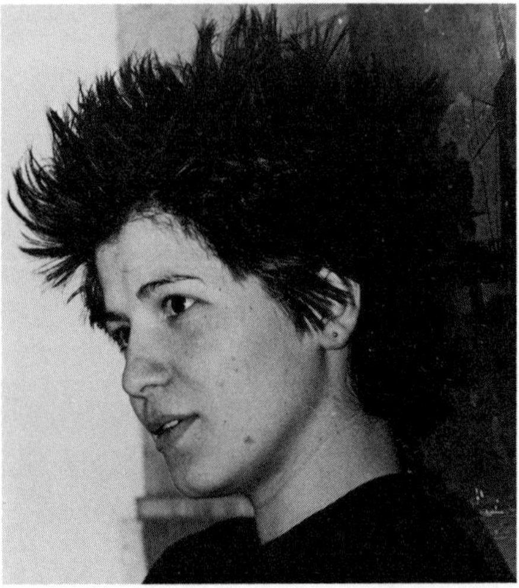

Ich heiße Figen, Betonung hinten, zweite Silbe. Geboren bin ich im April ’64 in Niederaußem.
Das ist ein kleines Bauerndorf. Das war es, ist es jetzt nicht mehr. Die Rheinbraun, der Braunkohletagebau, hat es aufgefressen. Aufgewachsen bin ich praktisch auf dem Bauernhof, teilweise. Unser Nachbar hat einen Bauernhof gehabt. Die ganzen Kinder aus dem Dorf waren immer bei dem auf dem Hof. Wir sind mit ihm aufs Feld gefahren. Mit Tieren, vor allen Dingen mit den Kühen und Tauben, haben wir rumgespielt.

Was haben deine Eltern gemacht?
Meine Mutter war Hausfrau. Die hatte noch zwei andere Kinder, meine Schwestern. Mein Vater war immer arbeiten.

Wo?
Im RWE in Niederaußem.

RWE heißt Rheinisch-Westfälische Elektrizitätswerke. Und du, warst du nur beim Bauern, oder bist du auch in den Kindergarten gegangen?
O ja, leider.

Warum, leider?
Da bin ich immer verprügelt worden.

Im Kindergarten?
Ja. Weil ich nicht so war, wie ich sein sollte. Weil ich nicht gegrüßt habe z.B. Vielleicht, weil ich Ausländer war.

Wieso warst du Ausländerin?
Ich bin Türkin. Und anscheinend mochten die keine Ausländer. Ich weiß nicht.
Auf jeden Fall waren die immer doof zu mir, und so war ich auch doof zu denen. Da haben die mich dauernd verprügelt. Da hatte ich keinen Bock mehr, dahinzugehen.

Kannst du dich erinnern, warum du nicht gegrüßt hast?
Ich sah das nicht ein, wenn ich da Sonntag nachmittags meine Kindergartentante treffe, daß ich dann hinterherlaufe und ›guten Tag‹ sage. Warum?

Weil du die nicht leiden konntest?
Ja, eben. Ich grüße keine Leute, die mich dauernd verprügeln.

Und dann, zum Kindergarten bist du nicht mehr gegangen.
Ich habe immer blau gemacht. Ich habe zu Hause gesagt, ich gehe. Dann bin ich aber statt dessen mit ein paar Jungs über die Bahndämme gerast.

Deine Eltern wußten das nicht?
Die haben das später rausgekriegt und waren total sickig.

Und dann kam die Schule?
Ja, auch leider. Da war dasselbe Spiel. Ich habe mich dauernd mit den Lehrern rumgeärgert. In der Grundschule noch nicht so.

Hat denn das etwas mit dir als Türkin zu tun? Gab's wenig Türken da in der Gegend?
Überhaupt keine.

Wart ihr die einzigen?
In der Zeit, ja. Das war vor 20 Jahren. Da wohnen viele Türken erst seit 10 Jahren. Seit 10 Jahren wohnen wir schon nicht mehr da. Dann

Grundschule, das ging. Dann kam ich in die Realschule. Da ging's denn auch noch das erste Jahr. Das zweite Jahr ging's dann nicht mehr. Da bin ich geflogen.

Erzähl diese Geschichte.
Wir haben eine Klassenfahrt gemacht, und da habe ich mich nicht dran gehalten, was wir tun durften und was nicht. Angeblich habe ich die Leute aus meiner Klasse dazu angestiftet, nachts immer abzuhauen. Das ging natürlich nicht, weil wir erst zwölf waren.

Was habt ihr da nachts gemacht?
Feten. Da waren noch Gruppen aus Frankreich und Berlin. Die haben Lagerfeuer gemacht und überhaupt Feten. Wir mußten um zehn ins Bett. Da hatten wir keinen Bock drauf. Dann sind wir dann dahin.

Und das war der Grund, warum du geflogen bist, oder gab's noch mehr?
Ja, bestimmt. Aber im Moment weiß ich das nicht. Dann bin ich auf das Schulzentrum gekommen. Da bin ich auch geflogen.

Was waren da die Gründe? Da warst du schon ein bißchen älter.
Einige Gründe. Ich habe mich mit dem Lehrer geprügelt.

Das war ein verständlicher Grund, oder nicht?
Der erste Tag, wo ich da reinkam, da meinte der zu mir, wer ich wäre, und dann habe ich erzählt. Da meinte er, wir zwei werden Schwierigkeiten miteinander kriegen. Da meinte ich, ja gut, wenn du meinst, gerne. Irgendwann mal meinte er, er wäre Preisboxer gewesen. Ja, meinte ich, so siehst du auch aus. Das hat ihm nicht so gefallen. Da hat er mir ein paar runtergehauen. Da habe ich zurückgehauen. Dann hat er mich getreten, da habe ich zurückgetreten. Da war er sauer. Dann bin ich rausgelaufen, er hinterher. Da habe ich ihm die Tür gegen den Kopf geknallt. Das war das Ende. Da mußte ich zum Direx.

Das war ein Fall. Waren die anderen Fälle auch so? Sachen, daß du immer gerne einen draufgegeben hast, wenn irgendwer was gesagt oder gekontert hat? Daß du nicht gekuscht, nicht gemuckt…
Ja klar, immer. Ich sehe nicht ein, daß ich da still rumsitzen und mir alles gefallen lasse. Warum auch?

Woher kommt dieser Gedanke?
Ich sehe nicht ein, daß ich mir alles gefallen lassen soll.

Ist ja richtig. Aber irgendwann fängt so was doch an. Hat das damit zu tun, daß ihr als Türken als einzige da wohntet, in einer Art Verteidigungsstellung wart?
Nee. Als Kind habe ich das nicht so gemerkt mit meinen Freunden, daß ich Türkin war. Das war vielleicht auch, weil ich immer mit älteren zusammen war. Die meinten dann immer, ja die Kleene, damit können wir es machen. Da mußte ich dann immer zeigen, daß sie das nicht machen konnten mit mir.

Wie diesem Preisboxer in der Schule. Wie ging die Geschichte da weiter. Hat der Direktor gesagt, das war wohl nichts, du mußt gehen?
Nee, nee, nicht direkt. Er hat mir zwei Wochen Zeit gegeben. In den zwei Wochen habe ich das Klo angezündet, und dann hat die Schule angefangen zu brennen.

Was war der Anlaß dazu? Rache?
Nee. Ich mag keine orangenen Türen.

Wie alt warst du da?
Dreizehn.

Die Tür hat dir nicht gefallen, da hast du sie einfach angesteckt. Findest du das nicht selbst etwas überzogen, verrückt?
Das waren alle so orangefarbene Plastiktüren, das ganze Klo war orange. Orange macht mich aggressiv. Da habe ich sie angezündet.

Wie ist das heute mit der Farbe Orange?
Nicht mehr so. Aber damals...

... war das der Endpunkt?
Ja. Dann bin ich auf eine Nonnenschule gekommen.

Ein ziemlicher Kontrast. Wie kam das?
Weil das die einzige Schule war, die mich noch genommen hat.

Wie haben denn deine Eltern auf solche Sachen reagiert, wie du sie angestellt hast? Nimm mal die erste Sache. Die Prügelei mit dem Lehrer.
Das konnten sie nicht verstehen.

Wie haben sie dir gegenüber reagiert?
Daß ich mich gegenüber meinen Lehrern nicht so verhalten könnte. Daß ich tun müßte, was der sagt, das wäre schon richtig. Ich wüßte sowieso immer alles besser. Das ginge nicht usw.

Wie war überhaupt das Verhältnis zu deinen Eltern?
Damals? Eigentlich gar kein Verhältnis. Ich habe gemacht, was ich wollte. Ich habe mich überhaupt nicht um die gekümmert.

Und die haben das akzeptiert?
Nee.

Hast du zu Hause gewohnt?
Ja. Mußte ich ja.

Fliegt man da nicht raus, wenn gar kein Verhältnis vorhanden ist?
Das wäre das letzte, daß meine Eltern mich rausgeschmissen hätten. Die hätten mich nie rausgeschmissen, egal, was ich gemacht hätte. Die haben sogar immer versucht, mich zurückzuholen, egal wo ich war.

Deine beiden Schwestern, haben die ähnlich reagiert, oder waren die brav?
Die waren brav.

Nachdem du also die Schule angesteckt hast, war Ende. Dann kam die Nonnenschule. Und dann?
Das war ein Nonneninternat. Da habe ich alles mögliche gemacht, nur damit ich da runterfliege.

Absichtlich?
Absichtlich. Und das haben die gemerkt.

Hast du da nicht mal gedacht: So, Mensch, das könnte eine Chance sein in so einem Ding?
Nein.

Für dich als Schule überhaupt?
Die Schule fand ich nicht so schlecht. Aber ich sah nicht ein, daß, wenn ich nach der Schule, in der Mensa, ich mich dahinstellen muß zum Kreuz und beten. Das mache ich nicht. Bevor nicht alle gebetet

hatten und einen Knicks gemacht hatten, dürften sie sich nicht hinsetzen, in einer Reihe anstellen und Fraß holen. Dann bis halb drei auf dem Hof Polonnaise tanzen, Gymnastik machen. Mußten wir. Von halb drei bis fünf Hausaufgaben. Den Raum nicht verlassen. Das sah ich nicht ein.

Was hast du da angestellt, um gehen zu können?
Nach drei Wochen hatte ich keine Lust mehr. Dann bin ich eben drei Wochen nicht mehr gegangen. Ich habe eine Entschuldigung gefälscht.

Du wohntest zu Hause, gingst aber nicht in die Schule...
Ja, deshalb ist das eben rausgekommen. Die Oberin hat von meinen Eltern verlangt, daß sie mich morgens hinbringen und abends abholen, daß ich auch wirklich immer in die Schule gehe. Das haben die drei, vier Wochen gemacht. Dann lief das alles wieder wie früher. Dann bin ich nachmittags in Kneipen gegangen, ins Dorf runter und sonst irgendwas. Dann bin ich beim Rauchen erwischt worden. Das war dann auch wieder ein Grund. Mit Jungen reden durften wir auch nicht, das habe ich auch gemacht. Das waren alles Gründe, warum man normalerweise geflogen wäre. Nur ich nicht.

Warum?
Das war das Problem. Auf der ganzen Schule war ich die einzige Ausländerin. Die nehmen normalerweise nur Katholische. Vor ein paar Jahren haben sie Ausnahmen gemacht, auch Evangelische genommen. Bei mir haben sie dann die ganz große Ausnahme gemacht. Ich bin ja Moslem. Ich habe mich geweigert, in deren Religionsunterricht zu gehen und in die Messe zu gehen.

Hast du mit Religion vom Elternhaus her aus zu tun oder von dir aus was zu tun? Ich meine, mit deiner Religion?
Nicht so viel.

Damals. Konnte ja damals noch sein...
Ja, ich wollte als Kind, dafür gibt es keinen deutschen Begriff, so was wie Priester, Prediger wollte ich werden.

Aber das können doch nur Männer werden?
Nee, da gibt es auch Frauen.

Na, schön.
Doch, da gibt's auch ein paar Frauen. Und den Gedanken hatte ich damals noch.

Irgendwann hat es mit den Nonnen auch nicht mehr hingehauen?
Leider doch. Ich habe da meinen Abschluß gemacht.

Welchen?
Klasse zehn.

Realschule?
Ja.

Dann warst du doch eine ganze Weile da.
Ja, zwei Jahre. Leider, wie gesagt. In den zwei Jahren, was ich da alles mitgemacht hab. Ich möchte nicht dran denken.

Außer tanzen, was du nicht wolltest, in die Kirche gehen, was du nicht wolltest, die Nonnen, die du nicht wolltest, was denn noch?
Handarbeit.

Kannst du das heute nicht brauchen? Pullöverchen stricken z.B. für dein Kind.
Wir haben da keine Pullover gestrickt, wir haben Schürzen genäht. Ich brauche keine Schürze. Ich brauch auch nicht zu wissen, wie man eine Schürze näht.

Was noch?
Wie gesagt, der Unterricht war gut. Wir hatten nur eine Nonne, die Oberin. Die war meine Klassenlehrerin. Bei der hatten wir Mathe. Den Unterricht fand ich total gut. Wir haben wirklich was gelernt, das hat mir auch Spaß gemacht.
Dieser Unterricht war nicht wie auf der anderen Schule. Da kamen die Lehrer schon rein, und äh, kein Bock und so. Da haben wir auch keinen Bock gehabt. Aber da, da hat es irgendwie Spaß gemacht. Da waren wirklich gute Lehrer.

Hast du nicht daran gedacht, aus diesem Abschluß richtig was zu machen? 10. Klasse Realschule, das ist doch was. Wann war das? In welchem Jahr?
1980.

Was hast du danach gemacht?
Dann bin ich auf die Höhere Handelsschule gegangen.

Das war ja eigentlich ein guter Entschluß. Oder nicht?
Ich wollte das ja auch durchziehen.

Höhere Handelsschule, welche Richtung?
Wirtschaft.

Aber?
Nach zehn Monaten mußte ich gehen.

Was kam dazwischen?
Bißchen Kifferei usw.

Wann hast du das denn kennengelernt? Bei den Nonnen schon, oder?
Nein, früher.

Noch früher?
Im Schulzentrum.

Öfter, länger, regelmäßig? Flog man denn schon beim ersten Mal von der Handelsschule?
Nein, das war ja nicht das erste Mal. Das ist öfter vorgekommen, daß ich mich da hingeknallt und gepennt habe. Angeblich habe ich auch die anderen Leute dazu gebracht, daß sie rauchten und all so'n Kram.

Nicht damit gehandelt?
Nein. Ich habe ab und zu eine geraucht. Das haben alle gemacht. Nur ich bin immer aufgefallen. Ich habe immer Glück. Ich falle immer auf mit solchen Sachen.

Ist da auch polizeilich was gelaufen in der Zeit, oder nur schulisch?
Polizeilich vorher. Das war noch im Schulzentrum.

Da haben die mal gehorcht, woher das Zeug kam oder so?
Nee. Da haben die mich ins Krankenhaus eingewiesen und mich angezeigt.

Und wie ist das ausgegangen?
Eingestellt, weil ich 13 war.

Wann war es denn das erste Mal? Wie alt warst du da? Wie alt warst du, als du das erste Mal geraucht hast, und wie alt warst du, als du das erste Mal gekifft hast?
Geraucht? Weiß ich nicht mehr. Im fünften Schuljahr habe ich geraucht. Ende des fünften Schuljahres war ein Mädchen bei mir in der Klasse, die war sitzengeblieben. Die war älter als wir alle. Die stand immer vorne mit den älteren und war am Rauchen.

Und wann war es das erste Mal mehr als Tabak?
Ein Jahr später.

Durch wen bist du da rangekommen. Durch ältere?
Ja.

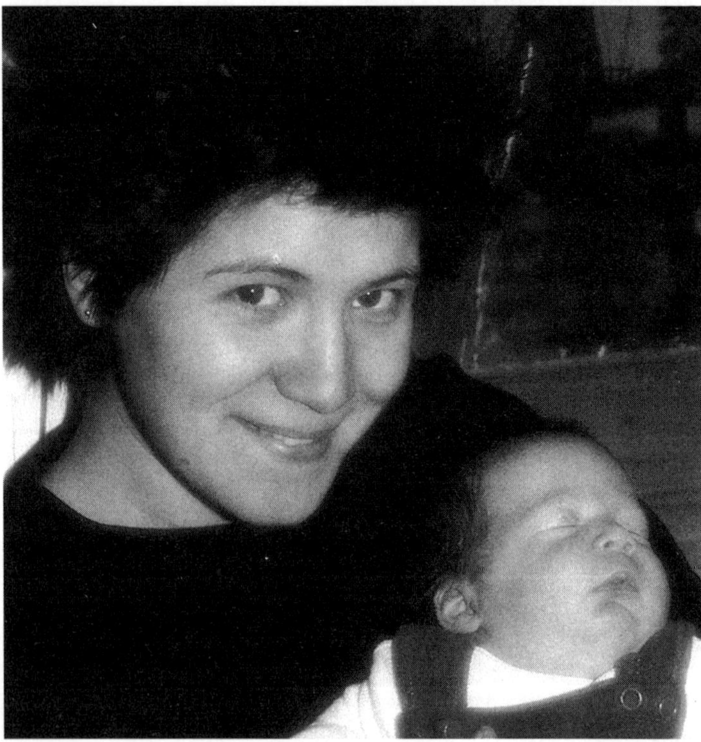

Und wie ist das heute?
Nee, nicht mehr. Kann ich nicht verantworten.

Seit wann?
Seit ich den Kleenen hab.

Gehen wir erst noch mal zurück. Du warst also auf der Handelsschule, bist da geflogen. War da Ende oder was kam dann?
Ein Jahr später bin ich wieder auf die Handelsschule.

Was hast du in der Zwischenzeit gemacht?
Nichts.

Zu Hause?
Nee. Rumgefahren, rumgehangen.

Und dann?
Dann war ich noch mal auf der Handelsschule. Die wollten mich aber dann auch nicht mehr, weil die ziemlich alles über mich wußten.

Das kann doch nicht der Grund allein gewesen sein?
Die eine Schule kannte die andere Schule. Nur, bei der Anmeldung haben die nicht gleich gecheckt, daß ich das war. Als die das hinterher spitz gekriegt haben, daß ich das bin, meinten sie, nee, es geht nicht.

Und dann?
Dann bin ich nach Köln. Da war ich zwei Wochen und zwei Tage.

Auch auf der Handelsschule?
Ja. Dann kam meine Klassenlehrerin in der Pause zu mir und meinte, ich sollte mit zum Direktor kommen, der hätte meine Abmeldung da. Da habe ich gefragt, warum. Da sagten die, das müßte ich doch eigentlich wissen. Ich sagte nee, ich weiß es nicht. Ja, weil Sie allein in Köln wohnen. Ich sagte, na und? Ich darf doch wohl allein in Köln wohnen. Aber Sie sind nicht in Köln gemeldet, dann dürfen Sie auch nicht hier zur Schule gehen.

Das hätte man ja nachholen können, das Anmelden.
Schon, aber ich hatte auch keinen Bock mehr. Also habe ich aufgehört, und drei Monate später habe ich angefangen, eine Lehre zu machen.

Als was?
Als Speditionskaufmann.

Wie kam das denn?
Durch die Zeitung.

Die suchten einen?
Die suchten eine Türkin, die gut deutsch und gut türkisch spricht. Da habe ich angerufen. Bin dann auch hin. Der meinte direkt, ja klar, kannst anfangen. Dann habe ich angefangen bis August, dann habe ich aufgehört.

Warum? Das war doch eigentlich die Chance, oder nicht?
Ja. Nur, ich hatte keine Lust mehr zu arbeiten. Dann bin ich wieder zur Schule gegangen.

Zu welcher jetzt?
Höhere Handelsschule für Fremdsprachenkorrespondenten.

Die war wo?
In der Südstadt. Da war ich anderthalb Jahre.

Wie lange hätte die bis zum Ende gedauert?
Zwei Jahre.

Warum hast du geschmissen?
Das war ein ganz dummer Zufall. Ich wollte eigentlich nur übers Wochenende wegfahren.

Wohin?
Nach Berlin. Dann bin ich aber nach Amsterdam gefahren, und es sind drei Wochen draus geworden.

War das der einzige Grund?
Nein. Danach hatte ich auch keine Lust mehr, in die Schule zu gehen. Ich bin hierhin gezogen. Nicht in dieses Haus, in das Haus nebenan, das abgerissen wurde.

Wie bist du dahin gekommen?
Durch die Punks.

Wann hast du die kennengelernt?
Moment… vor drei Jahren.

Wie kam das?
Ja, wie kam das. Ich war öfter in Köln auf der Domplatte mit den Punks.

Was findest du denn an denen gut?
Eigentlich finde ich gar nicht soviel an denen gut in letzter Zeit. Ich habe drüber nachgedacht.

Was fandest du anfänglich gut, so gut, daß du dich ihnen angeschlossen hast?
Ich weiß nicht, ob ich sagen kann, ich finde das gut oder ich finde das nicht mehr gut. Manchmal finde ich sie halt eben Scheiße, und manchmal finde ich sie normal. Was soll ich sagen?

Gibt's da Gründe? Hat das vielleicht was mit dem Kind zu tun?
Nee, das war schon vorher.

Ist es Sauferei, Rauferei?
Das stört mich nicht, daß die saufen.

Sondern?
Wie die sich verhalten.

Erklär' das näher. Versuch's mal.
Ich finde Scheiße von Punks – von den meisten jedenfalls, die ich kenne – die tun immer so, als wären sie echte Punks. Dabei sind die genauso drauf, wie die anderen Leute auch. Genauso wie die Leute, die sie für'n Arsch finden, genauso sind sie drauf. Die wollen sich nicht an den Rest der Leute anpassen, sind aber total angepaßt unter sich. Und das kapieren die nicht.

Was ziehst du für Schlüsse für dich aus dieser Erkenntnis?
Ich will so sein, wie ich bin. Ich mache, was ich will. Ich lasse mich nicht irgendwo reindrücken. Deshalb bin ich wirklich Punk. Wenn ich anders bin, bin ich halt Hippie, wenn ich noch anders bin, bin ich was anderes. Aber ich bin's, verstehst du. Ich mache, was mir grad einfällt, und nicht das, was anderen einfällt. Das ist der Unterschied, darauf kommt es an.

Macht dir das nicht Probleme mit denen, mit denen du umgehst?
Nee.

Die gehen drauf ein?
Wenn nicht, ist mir das scheißegal. Entweder nehmen die mich so, wie ich bin, oder nicht.

Du hast ein Kind. Der Vater des Kindes, lebt der mit hier?
Ja.

Akzeptiert der, daß du machst, was du willst?
Der macht ja auch, was er will. Das ist ja wohl normal, daß jeder macht, was er will.

Und das paßt trotzdem zusammen?
Wenn's nicht paßt, redet man. Sonst kann man ja nicht leben. Ich kann doch nicht was machen, was ich für falsch halte, nur weil ein anderer das für richtig hält.
Wenn ich irgendwas für falsch halte, mache ich das nicht. Das ist doch wohl normal.

War das Kind gewollt?
Zufall.

Was verändert sich durch das Kind?
Einiges. Ich kann nicht mehr ausschlafen, das nervt mich am meisten. Sonst ist er total lieb, der Kleine. Ich kann nicht weggehen, weil ich ihn stille. Wenn ich mit ihm weggehen will, das geht nicht, weil er noch zu klein ist. Und ihn allein lassen, kann ich ihn nicht. Jetzt muß ich erst mal eine Zeit hier rumhängen.
Wenn ich später einen Kinderwagen habe, wenn er ein bißchen größer ist, daß er bei schlechtem Wetter nicht krank wird, dann nehme ich ihn überall mit hin, wo ich auch hingehe. Das ist keine Frage.

Paßt das zueinander, Punk und Kind?
Warum nicht? Nachwuchs. Meinte der Flock (siehe Seite 50) im Krankenhaus: »Der hat ja voll die langen Haare. Dem kann man direkt einen Iro schneiden.«

Wie heißt er?
Deniz.

Und wonach habt ihr ihn benannt?
Das ist ein türkischer Name. Das heißt ›das Meer‹.

Trautes Heim…

Und das Meer bedeutet für dich was?
Ich finde das Meer total geil.

Wann warst du zuletzt in der Türkei?
Vor vier Monaten war ich drei Monate da.

Bei wem?
Bei meinen Eltern.

Sind die wieder zurückgegangen?
Ja, vor einem Jahr.

Und was sagen die zu dem, was du machst?
Sie sind nicht begeistert. Schon einige Jahre nicht. Aber sie haben sich damit abgefunden. Kommen mich hier besuchen und so.

Hierhin?
Ja. Sie sind jetzt eine Woche weg. Die waren ein paarmal hier. Wegen dem Kleinen hauptsächlich. Die sagen zwar, sie kämen nur wegen dem Kleinen, aber die kommen auch wegen mir.

Du kommst jetzt besser mit ihnen klar?
Besser als vor zwei Jahren. Da haben die nicht gepackt, daß ich nicht zu Hause wohnen will. Daß mir egal ist, ob ich was zu knacken hab. Daß ich machen will, was ich will. Daß mir Leute, die ich nicht mag, scheißegal sind. Daß ich denen das auch sage.

War das besonders schwer für sie zu begreifen,
weil ihr Türken seid?
Vor allem, weil ich ein Mädchen, eine Frau bin. Selbständige, emanzipierte Frauen sind die nicht gewöhnt. Daß man stark und selbständig wie ein Mann ist, daß man das Sagen hat. Aber inzwischen kapieren sie, daß das nicht das schlechteste ist. Auch wenn sie es mir nicht sagen. Aber ich weiß das.

Dir war früher egal, ob du was zu essen oder Geld hast. Mit einem Kind, ändert sich da die Situation?
Das stimmt. Vorher war mir alles egal. Wenn ich kein Geld hatte, habe ich rumgeschnorrt. Bei dem Kind, da muß ich eben sehen, daß ich immer genug esse. Ich esse ja für ihn mit, weil ich den stille. Aus Flaschen ist Scheiße.

Wo kriegst du das Geld fürs Essen her? Wie machst du das?
Sozialhilfe.

Kriegst du allein oder für ihn mit?
Für ihn mit.

Kommst du aus?
Gut nicht.

Wieviel bekommst du?
Ich habe jetzt erst für einen Monat Sozialhilfe gekriegt. Einmal für mich 285 Mark und einmal für ihn 160 Mark. Das ist ein Witz, finde ich. Dann habe ich 200 Mark für die Grundausstattung gekriegt. Das ist auch ein Witz. Da kann ich nix von kaufen. Kennst du die Preise?

Und wie versuchst du das zusammenzukriegen,
was du brauchst?
Vorher habe ich immer geschnorrt. Jetzt muß ich gucken, daß ich mit der Kohle, die ich habe, klarkomme. Ich kriege von meinen Eltern noch was zugesteckt. Wenn die kommen, ein paar hundert Mark.

Wie macht ihr das hier praktisch? Wie teilt ihr euch die Arbeit ein?
Ich habe das Kind…

…und das ist genau das, was die Spießer auch machen. Der eine hat die Mutterrolle und die Hausfrauenrolle und der andere…
Der wickelt den Kleinen auch und macht mit ihm rum. Aber der kann ihn schließlich nicht stillen. Wenn ich ihn mit der Flasche füttern würde, könnte der es machen. Weil ich ihn stille, muß ich mich halt viel mit ihm befassen.

Wie haltbar ist so eine Verbindung: du und der Vater des Kindes aus Zufall?
Keine Ahnung.

Machst du dir da Gedanken drüber?
Nicht mehr.

Erklär das!
Fällt mir nichts zu ein im Moment.

Aus allem, was du erzählt hast, kommt raus, daß du dich nur schwer an etwas bindest und dich nicht lenken läßt. Ein Mann, der Vater deines Kindes, das ist aber doch eine Bindung. Oder für dich nicht?
Es stimmt. Aber ich hab trotzdem keinen Bock, mir was vorschreiben zu lassen. Egal, von welchen Leuten es ist. Ob von Lehrern, von meinen Eltern oder jetzt von meinem Freund. Egal, was ich zu tun habe oder was ich zu denken habe oder was ich zu sagen habe – ich bin ich! Und ich sage, was ich will, und ich denke, was ich will, und ich mache, was ich will. Da hat mir keiner reinzureden. Keiner!

Gibt es Momente, wo du Argumente von anderen anerkennst?
Ich erkenne die schon an. Nur sehe ich nicht ein, daß andere Leute von mir verlangen, daß ich meine Meinung ändern soll. Nur weil die meinen, ihre Meinung wäre richtig.

Wenn der andere recht hat, was machst du dann? Akzeptierst du das?
Ja. Wenn ich meine, daß der wirklich recht hat und ich im Unrecht bin, dann ja. Aber wenn ich meine, daß ich recht habe, dann sehe ich das nicht ein, daß ich da irgendwie was akzeptieren soll.

Wer war zuerst hier in der Wohnung, du oder er?
Er.

Ist das eine schlechte Position für dich?
Das da links war sein Zimmer, und das hier war mein's. Jetzt ist es zusammen eins. Das kann man wieder ändern. Dann sind die Positionen wieder gleich. Das weiß er.

Gibt's eine Perspektive für dich in die Zukunft? Ich weiß, zum Punksein gehört, daß ihnen die persönliche Zukunft ziemlich egal ist. Die denken an heute. Wie ist das bei dir? Spielt das Kind da eine Rolle?
Das war bei mir noch nie so, daß ich nur an heute dachte. Das hat vielleicht so gewirkt, aber ich habe immer das Ziel gehabt, mal irgendwo zu leben, wo es Spaß macht. Mehr Spaß als hier. Irgendwo, wo es warm ist, wo das Meer ist, wo ich was machen kann. Ich weiß noch nicht was, aber hier mache ich ja nichts.

Z. B. in der Türkei?
Ich weiß nicht, ob es so günstig wäre in der Türkei. Dort bekomme ich nur Ärger mit den Leuten. Wie immer. Ich habe immer, wenn wir da waren, Ärger mit denen gekriegt, weil ich nicht so war, wie die sich vorstellen, wie ein Mädchen zu sein hat. Da war ich Punk, habe nicht zu Haus gewohnt, habe ein Kind und bin nicht verheiratet und all so'n Kram. Das paßt den Leuten nicht. Da würde ich nur Ärger kriegen. Die würden mich doof angucken, das mag ich nicht. Viele Türken gucken einen an und sagen, was willst du eigentlich hier, das kannst du doch nicht machen und so. Dann werde ich sauer. Es ist schließlich mein Leben, um das es geht.

Gibt's also ein Ziel für dich?
Ich will weg von hier. Hier raus. Das auf jeden Fall.

Um was zu tun?
Ich möchte z. B. gern was mit Sprachen machen. Englisch, Französisch, Türkisch, Deutsch kann ich. Ist doch schon was. Im Export, für Speditionen, da müßte man mich doch brauchen können. Allerdings nur unter der Bedingung, daß für Deniz gesorgt ist, daß ich den dabei haben kann. Wo, das ist mir völlig egal. Leistung würde ich bringen, aber akzeptieren müßte man mich.

Und Büro z. B. Arbeitszeiten, Regeln im Umgang?
Kein Problem. Nur mich innen drin, da muß man mich lassen, nicht anrühren. Da darf keiner sagen, deine Frisur paßt mir nicht, oder, sag den Kollegen nicht immer so deutlich deine Meinung. Ich hab gesagt: ich bin ich. Das will ich bleiben. Wenn nämlich jeder so wär', dann wär' die Welt ehrlicher und besser!

Figen

Punk steckt nicht in der Lederjacke, sondern
im Kopf

Frei sein

das tun was ich will / jeder soll tun was er will
meine Meinung sagen, wann ich will
wo ich will
zu wem ich will

da hingehen, wohin ich will
das die leute einen nicht nur nach dem
äußeren beurteilen

das Alter spielt keine rolle

alles muß erlaubt sein, was anderen nicht
schadet

~~die Regierung soll nicht soviel Scheiße machen~~
das System und die Gesellschaft muß
sich ändern

am allerwichtiggsten ist Deniz

PINOCCHIO

Erzähl mal was von dir.
Nichts von früher. Das ist mein erstes Leben, damit hab ich nichts mehr zu tun. Ich hab meinen Weg gefunden. Nichts gegen das Gesetz, nichts gegen meine Regeln: Kein Gekloppe, Frieden. Ich denk, ich hab was entdeckt: zu leben.

Erzähl davon.
Es geht eigentlich saugut ab. Jeden Tag, fast jeden Tag ist irgendwie eine Fete. Immer mit guten Leuten. Es ist immer super, ja, immer super. Selten, daß es mal langweilig ist. Jeden Abend kommt irgendwas raus.

Und woher kommt die Kohle dafür?
Och, die Kohle. Schnorren, Sozi, Franz abziehen und sonstiges.

Was ist das, Franz abziehen?
Franzenstraße. Die Gefährdetenhilfe. Denen muß man nur eine echte Story erzählen. Derjenige, der die beste Story erzählt, wie arm er dran ist, der kriegt die meiste Kohle.

Was hat das alles mit Punk zu tun, was du machst?
Das hat nicht viel mit Punk zu tun. Aber mein Leben jetzt. Punk ist für mich, wie ich rumlaufe. Ich will meine Freiheit. Karneval fing das an, vor ein paar Jährchen. Da war ich 14. Bin Karneval immer so als Punk rumgelaufen. Ich fand die Punks so unwahrscheinlich toll, aber ich traute mich nicht, mich so anzuziehen. Dazu hab ich mich nur Karneval getraut.
Dann meinten alle Karneval zu mir, lauf immer so rum, du siehst geil aus damit, mit den Klamotten und den Haaren und so. Eines Tages bin ich darauf hängen geblieben. Das war echt stark für mich. Mit der Zeit kam auch die Einstellung.
In der ersten Zeit hing ich nur mit meinen Kumpels rum, da kannte ich kaum Punks. Höchstens mal gesehen von weitem. Da fing das hier in Köln an, da kam ich immer nach Köln. Dann blieb ich direkt ein paar Wochen hier. Das hat mir gut gefallen, die Leute und so. Ich bin jetzt voll dabei.

Wie kommst du damit zurecht, daß die Leute dich bestaunen?
Das ist mir scheißegal. Solange sie mich nur angucken, habe ich nichts dagegen.
Aber es gibt Leute, vor allem ältere, die schreien, so was hätte es bei uns früher nicht gegeben und so. Die wären glatt ins KZ gekommen. Dann sagte mal eine zu mir, als ich noch lila Haare hatte: Huch, der hat lila Haare. Und zwanzig Meter weiter lief selber 'ne Oma mit lila Haaren rum. Der haben sie nichts gesagt. Es bleibt immer an uns hängen.

Wie reagierst du auf so 'ne Bemerkung wie mit dem KZ?
So was finde ich total Scheiße. Das ist total schwachsinnig. Das sollte nie wiederkommen. Das ist ein schlimmer Gedanke, daß die nichts gelernt haben. Daß es immer noch Leute gibt, die das heimlich gut finden. Dieser Gedanke ist schlimm. So schlimm, daß mich gar nicht mehr stört, daß sie mich gemeint haben.

Gibt es noch etwas, das dich stört?
Daß man hier echt nix machen kann. Sobald man etwas machen will, kommen irgendwelche Doofköppe und labern einem dazwischen. Der ganze Konsum hier. Am liebsten würde ich irgendwohin gehen, wo es keinen Konsum gibt, wo man echt einfach nur machen kann, was man will.

Wie ist das mit dem Zusammenleben mit den Punks?
Es ist total geil. Es gibt auch Punks, die sind Arschlöcher. Die ziehen einen nur ab. Wenn man Kohle hat, ist man sein bester Freund. Wenn man keine Kohle hat, dann siehste ihn nicht mehr. Solche gibt's auch. Aber sonst gibt es auch Leute, die halten echt zusammen. Auch wenn Probleme auftreten. Kohlemäßig und so. Pumpst die halt mal an, o.k., bis zum Ersten, bis ich meine Sozikohle kriege. Die versaufen wir dann zusammen.

Wenn du mal mit einem reden willst, wer ist das?
Es kommt darauf an. Es gibt Leute, die lassen nur dumme Sprüche von sich, egal ob Punks oder andere. Es gibt Leute, die sind total intelligent, und das können auch Punks sein oder andere. Mit der Sorte kann man sich dann total vernünftig unterhalten, auch wenn man Probleme hat. Die sind total in Ordnung.

Ich ziehe mich ja so an, wie ich bin, weil ich die Leute aufmerksam machen will. Weil ich denen sagen will, es gibt noch was anderes als nur Geld. Ich möchte gerne wohin, wo ich das erst gar nicht machen muß. Wo es einfach ohne Konsum geht. Wo es nicht nur um Geld geht und Leute zur Arbeit rennen.
Wenn sie uns sehen, kriegen diese Leute hoffentlich erst mal einen Schock, weil sie sagen, die machen nichts und so. Ich denke mir manchmal, die hauen nur auf uns rum, weil sie im Grunde genommen genauso leben wollen. Weil sie anders leben wollen, es aber nicht fertigbringen.

Siehst du eine Aufgabe darin, das den anderen zu sagen?
Ja, ich finde das wichtig. Ich finde wichtig, daß es Leute wie die Punks gibt. Ich finde, im Grunde genommen sind die Punks heute nichts anderes als die Hippies früher. Die haben den Leuten auch gesagt, es geht ohne Konsum. Wir leben auch, und zwar besser. Das finde ich wichtig, daß man so was den Leuten zeigt. Es muß Menschen geben, die den anderen Leuten zeigen, daß es noch was anderes gibt, als nur dem Geld hinterherzurennen.

Ehe das mit den anderen Leuten klappen kann, müßte es doch erst einmal unter euch, den Punks, funktionieren. Klappt das?
Natürlich gibt es zwischen uns auch totalen Streß. Es gibt auch Leute, die kommen an, machen sich mal ein bißchen punkisch auf, und dann haben sie keinen Bock mehr. Oder wissen überhaupt nicht, warum. Denken überhaupt nicht darüber nach oder so. Die Leute sind natürlich nicht besser als alle anderen.

Also einfach so aussehen und einfach mal in die Sonne gucken, das ist es nicht?
Ja, sicher ist es das nicht. Es gibt sogar Leute, die sehen überhaupt nicht punkmäßig aus, aber die denken wie ich. Punk ist nicht das Aussehen, es ist das, was man im Kopf hat!

NACHWORT

Ich ergreife nicht Partei. Geschichten und Bilder sprechen für sich, die Tonbandabschriften sind Abschriften von Gesprächen, deren Pausen und Dynamik zwei weitere Bände sprechen könnten.
Ich ergreife nicht Partei, aber ich bin parteilich. Ich habe Tagebuch geführt.
Einige der Notizen streue ich ein. In der Gesamtheit sind diese Tagebuchaufzeichnungen Früchte des Zorns, der Ohnmacht, des Staunens oder der Hilflosigkeit. Sie sind Skizzen, trotz der geringen Anzahl, hoffentlich ermunternd zum Detail, denn Begegnungen mit Punks oder anderen Minderheiten haben keinen Ausnahmecharakter mehr.
Allerdings, aus dem Blick und der Geste das Vorurteil bannen bei Annäherung, das ist keine Augenblicksgeschichte, nicht einmal eine Herausforderung für Starschauspieler. Asozial-Voyeure müssen mit den Antworten rechnen, die sie verdienen. »Wenn Blicke töten könnten…«, diese Spruchweisheit haben Punks längst ins Aktiv gewandelt und verwandelt: »Blicke können verletzen!« So rauh ihre Schale ist, sie sind leicht verletzlich.
Und daß sich ihre aufgebrachte Gefühlswelt durch Geld beruhigen läßt, ist nichts als nur ihre äußere Anpassung an die Zwänge, die selbst ihre Freiheit zum Preis hat.
Punk-Geschichten sind nicht die vermeintlichen Punk-Ruhmes-Blätter. Es sind dies ihre Kindheitsbiographien, ihre Lieben und Enttäuschungen und vor allem ihre verleugneten Wünsche. Sie finden sich zwischen den Zeilen und machen so für den, der's noch fühlen kann, selbst den Zweizentnermuskelmann in Leder mit Springerstiefeln und Iro zum Steinerweicher in Pampers mit Herzchen drauf.
Gäb's nicht oftmals als viel zu leichte Antwort die Grüne Minna mit Fahrtziel zum nächsten Revier und anschließend Einzelzimmer, sondern eine blonde oder schwarze Braut in einem selbstverwalteten Haus mit Chance auch noch nach dem dritten Bruch, da bliebe

manches Auge nicht nur trocken, sondern würde manches auch nicht blau.
Tröstlich zu wissen allein, daß ein ›Bulle‹ etwa wie Ludwig K. bei aller Gesetzestreue geradezu freundschaftlichen Umgang mit den Punks pflegt und manchem den Gerichtstermin erspart, weil dieser dem eindringlichen Rat und nicht der Versuchung zu was auch immer folgte.
Es ist hart, sechzehn zu sein und die Zerbrechlichkeit einer Idee zu spüren, die man für Freiheit, das Leben hält, nachdem man oft schon noch früher längst alle Brücken hinter sich abgebrochen hat – oder die Chance nicht einmal dazu hatte.
Es ist andererseits unfaßlich, daß ein Punk nach 22 Heimwechseln schon bis zum 8. Lebensjahr und bis zum 19. weiter nichts als ein Mensch auf dem Abstell- oder Verschiebegleis war, zu nichts anderem ›verkommen‹ ist als zu Punk-Aussehen und ein wenig Alkoholismus, weil das Geld zu mehr fehlt.
Gemessen, so sagen sie, an den Kosten und dem personellen Aufwand, den man sich bei Kranken- oder Unfallopfern oft Monate oder Jahre macht, und auch da manchmal vergeblich, ist der Kosten- und Personalaufwand für Chancenlose und Gestrandete ›ein Pfurz‹. Da möge jeder selbst seine Rechnung aufmachen.
Ich bin parteilich, aber gegen Unfrieden. So haben sie mich akzeptiert. Ich habe die Suche nach der Chance erlebt, die viele von ihnen nie hatten. Ich habe Schnorren als Praktikumsversuch für ausgleichende Gerechtigkeit beobachtet, und mir ist klar geworden, daß Aussehen wie ein Punk oft der verzweifelte Ausdruck selbst erkannter Sprachlosigkeit ist, nachdem schon viel zu lange viel zu viele das Gesagte einer lebensschwachen Minderheit nicht verstanden haben.
Das zu aller Gunsten. Denn zu viele habe ich in meinen zwei Jahren Recherche kennengelernt, die nicht einmal das hören, geschweige verstehen wollten.

SZENEN-ABC

Alki	Abkürzung für Alkoholiker
angepunkt	schon ein wenig, aber noch nicht ganz Punk
Anmache	alles, was als ärgerliche Belästigung angesehen wird
Bulle	mehr oder weniger böse gemeinte Bezeichnung für Polizist
Button	Blechanstecker mit Spruch oder Parole
Chauvi	Abkürzung für Chauvinist, übersteigerter Nationalist, hier: Verfechter von Männervorherrschaft Klemmchauvi – Schleimer bei Frauen
Dope	harte Drogen wie Heroin, Kokain
einpfeifen	essen
Frust	Abkürzung von Frustration – verhinderte Bedürfnisbefriedigung, Nerven, Enttäuschung
geil	dufte, stark, riesig affengeil – absolut…
Hippie	Blumenkind (vor allem 60er Jahre), fröhlich-antibürgerliche Lebensführung
in	zugehörig, dabei, nicht → *out*

Jailer	von Jail, Gefängnis, Knacki; einer der sitzt oder gesessen hat
Kraker	Niederländisch, harte Ausgabe der Punks
Larry	Putz, Stunk → *Randale*
Mod	Abkürzung für Modisch; Typen, die sich nach der letzten Mode kleiden → *Popper*
New Waves	Typen, die sich den englischen Vorläufern der Punks (Mitte bis Ende der Siebziger) in Mode, Musik und Mache verschrieben New Wave = neue Welle
Normalo	Angepaßter, Bürgerlicher, Spießer
out	draußen, weg vom Fenster, nicht → *in*
Popper	Typen, die sich poppig, chic, korrekt kleiden, Krawatte → *Mod*
Psycho	intellektuelle Punk-Untergruppierung, Anhänger von Ideen der Psychoanalyse; Sigmund Freud
Punk	auch Punker, Punkerin. Jugendliche, die schon durch ihre Kleidung drastisch zu erkennen geben, daß sie im Protest zur etablierten Gesellschaft (Spießer) leben. Sie lehnen feste Bindungen an Arbeit, Wohnort und Personen ab, um ihre Ideen und Gefühle frei und ungebunden ausleben zu können. Im Umfeld dieser Clean-Punks siedeln sich Schattierungen vom Mitläufer bis zum Kriminellen an. Clean-Punks werden nach ihrer Erfahrungsphase in der Regel wieder ›bürgerlich‹. Mitläufer in Form von Alkoholikern, Drogenabhängigen, Kriminellen haben ihre eigenen Karrieren.
quaken	dummes Zeug reden
Randale	die Sau rauslassen, kleinen Abbruch durchziehen, total zertrümmern, Schlägerei, Putz → *Zoff*

Skin	Haut, Fell – gehäutet Skinhead – gehäuteter Schädel, Glatzkopf; rasierte Schädel, rechtsradikal, ausländerfeindlich, brutal, gewalttätig bis zum Mord. Ca. 2000 Skins, Skinheads gibt es in Deutschland (SS-Siggi)
schnorren	Leute ansprechen, Geld erbitten, betteln
Spießer	Angepaßter, Bürgerlicher → *Normalo*
Springer	Punk, der statt in Turnschuhen in Springerstiefeln (Fallschirm-Springer-Stiefeln) rumläuft.
Schleimer	Speichellecker, Arschkriecher
Ted	oder Teddy, teddy boy, Halbstarker. Zwischenstufe von Mod oder Popper zum Punk
Trebe	auf Trebe, unterwegs sein, ohne festen Wohnsitz
Untermieter	Floh, Flöhe
User	Freund/Freundin mit Gebrauchsgarantie Ex-User, ehemaliger Verbraucher
Verölen	auf den Arm nehmen, vergackeiern, verarschen
Wixer	Spießer, der nur an sich und nicht die großen Ziele des Punk-Lebens denkt
Xanthippe	krakeelerische Punkerin, Nörgelpunk, Punk mit Schrei-Aids
Yp	Abkürzung für Yoga-Punk, Punk ohne Temperament, mit dem nichts los ist
Zoff	Ärger, Streit, Putz → *Randale*